La Abolición del hombre

La Abolición del hombre

C·S· LEWIS

HarperCollins *Español*

Editora General: *Graciela Lelli*
Traducción y edición: *S.E. Telee*
Adaptación al diseño español: *S.E. Telee*

ISBN: 978-0-82970-242-2

Impreso en Estados Unidos de América
16 17 18 19 20 DCI 6 5 4 3 2 1

El Maestro dijo: «Quien se pone a trabajar con hilo distinto destruye el tejido entero».

CONFUCIO, *Analectas* II. 16

CONTENIDO

La Abolición del hombre

1
HOMBRES SIN NADA EN EL PECHO

Dio la orden de matarlos,
y a los pequeños asesinaron.

Villacinco tradicional inglés

Me parece que no prestamos la suficiente atención a la importancia de los libros de texto de la enseñanza elemental. Por eso es por lo que he elegido como punto de partida para estas conferencias un librito de Lengua destinado a los «niños y niñas de los últimos cursos escolares». No creo que los autores de este libro (son dos) pretendiesen causar ningún daño, y les debo unas palabras de agradecimiento, a ellos o a la editorial, por enviarme un volumen de cortesía. Al mismo tiempo, no tengo nada bueno que decir sobre estas obras. Es una situación incómoda. No quiero poner en la picota a dos modestos maestros de escuela que hacían lo mejor que podían, pero no puedo guardar silencio ante lo que pienso que es la tendencia real de su trabajo. Por tanto, me he propuesto no revelar sus nombres. Me referiré a estos caballeros como Cayo y Titius, y a su obra como *El libro verde*. Pero les aseguro que el libro existe y que lo tengo por duplicado en mis estantes.

En su segundo capítulo, Cayo y Titius citan la conocida historia de Coleridge en la cascada. Como recordarán, había dos turistas: uno la calificó de «sublime» y el otro, de «bella»; Coleridge se adhirió mentalmente a la primera opinión y rechazó la segunda con desagrado. Cayo y Titius comentan: «Cuando el hombre dice "Esto es *sublime*", parecía estar comentando la cascada [...]. En realidad [...] no estaba refiriéndose a ella, sino a sus propios sentimientos. En realidad estaba diciendo: "Tengo sentimientos relacionados en mi mente con la palabra *sublime*", o, resumido: "Tengo sentimientos sublimes"». Aquí se presentan unas cuantas cuestiones de calado, tratadas de una manera bastante escueta. Pero no terminan ahí los autores. Añaden: «Esta confusión está presente siempre en el lenguaje tal como solemos usarlo. Parece que estamos diciendo algo muy importante sobre algo, cuando en realidad solo decimos algo sobre nuestros sentimientos».[1]

Antes de abordar las cuestiones que en realidad suscita

el parrafito en cuestión (destinado, como recordarán, a «los últimos cursos escolares»), debemos eliminar una simple confusión en la que han caído Cayo y Titius. Aun desde su punto de vista —o desde cualquiera concebible—, el hombre que dice «Esto es sublime» no puede querer decir «Tengo sentimientos sublimes». Aun dando por sentado que cualidades tales como la sublimidad fuesen única y simplemente algo proyectado desde nuestras emociones, aun así, digo, las emociones que dan lugar a la proyección son los correlatos, y por consiguiente son casi los opuestos, de las cualidades proyectadas. Los sentimientos que hacen que alguien llame sublime a un objeto no son sentimientos sublimes, sino sentimientos de veneración. Si hay que reducir «Esto es sublime» a una aseveración sobre los sentimientos del hablante, la traducción apropiada sería «Tengo sentimientos de humildad». Si el punto de vista de Cayo y Titius se aplicara con coherencia llevaría a obvios absurdos. Tendrían que sostener que «Eres despreciable» significa «Tengo sentimientos despreciables»; o incluso que «Tus sentimientos son despreciables» significa «Mis sentimientos son despreciables». Pero no hagamos esperar al que es el auténtico *pons asinorum* de nuestro asunto. Seríamos injustos con Cayo y Titius si resaltáramos lo que sin duda fue un mero descuido.

El alumno que lee este pasaje de *El libro verde* creerá dos proposiciones: primero, que todas las frases que contienen un predicado de valor son afirmaciones acerca del estado emocional del hablante; y segundo, que todas esas afirmaciones son de nula importancia. Es cierto que Cayo y Titius no han empleado tantas palabras para decirlo, solo se han referido a un predicado de valor en particular (*sublime*) como palabra que describe las emociones del hablante. Se deja a los alumnos la tarea de hacer extensivo ese mismo tratamiento a todos los predicados de valor; y no se pone el menor obstáculo a ello en su camino. Los autores pueden haber pretendido o no que lo hagan extensivo; puede que no hayan apartado cinco minutos para pensar seriamente en ello. No me preocupa tanto lo que hubieran deseado, sino el efecto que su libro tendrá con seguridad en la mente de los estudiantes. Del mismo modo, no han afirmado que los juicios de valor carecen de importancia. Sus palabras son que «*Parecemos* estar diciendo algo muy importante» cuando en realidad «*solamente* estamos diciendo algo acerca de nuestros sentimientos». Ningún alumno podrá resistirse al peso de lo que sugiere ese «solamente». Por supuesto, no estoy diciendo que el muchacho llegue a partir de lo que ha leído a inferir una teoría filosófica general de que todos los valores son subjetivos y triviales. El verdadero poder de Cayo y Titius se basa en el hecho de que están tratando con un muchacho, un jovencito que cree que está cursando su asignatura de Lengua y no tiene idea de que están en juego la ética, la teología y la política. Lo que ponen en su mente no es una teoría, sino un presupuesto que al cabo de diez años, ya olvidado su origen e inadvertida su presencia, condicionará al joven para posicionarse en un lado de una controversia que nunca reconoció como tal. Sospecho que los propios autores difícilmente sabrán qué le están haciendo al alumno, y este jamás se percatará de la intervención de ellos.

Antes de considerar las credenciales de la posición que Cayo y Titius han adoptado con respecto al valor, quisiera mostrar sus resultados prácticos sobre el procedimiento educativo. En su cuarto capítulo citan un ridículo anuncio comercial de un crucero de placer y proceden a inculcar en sus pupilos la aversión al tipo de redacción que se muestra en él.[2] El anuncio cuenta que quienes compren pasajes para ese crucero «surcarán los mares por los que navegó Drake [...] aventurándose tras los tesoros de las Indias» y que regresarán a casa con un «tesoro» de «momentos dorados» y «vivos colores». Por supuesto, es un texto lamentable, una explotación interesada y sensiblera de esas emociones de asombro y placer que las personas sienten al visitar lugares que poseen asociaciones emocionantes con la historia o la leyenda. Si Cayo y Titius se dedicaran a su cometido y enseñaran a sus lectores (como prometían hacer) el arte de la redacción en inglés, se habrían ocupado de comparar este anuncio con pasajes de grandes autores en los que la emoción se encontrase adecuadamente expresada, para mostrarles en qué radica la diferencia.

Podrían haber usado el famoso texto de *Viaje a las Islas Occidentales de Escocia* de Johnson, que concluye: «Poco se ha de envidiar a este hombre cuyo patriotismo no renovó el vigor en las llanuras de Maratón y cuya piedad no se enardeció entre las ruinas de Iona».[3] Pudieron echar mano a esa parte de *El preludio* donde Wordsworth describe cómo la antigüedad de Londres le vino primero a la mente con «Peso y fuerza, una fuerza que aumenta bajo el peso».[4] Una lección que hubiera puesto a esta literatura frente al anuncio para distinguir lo bueno y lo malo habría sido una enseñanza conveniente. Podría haber tenido algo de sangre y savia: el árbol del conocimiento y el de la vida creciendo juntos. También hubiera contado con el mérito de ser una lección de literatura (una materia en la que Cayo y Titius, pese a su propósito expreso, no parecen muy duchos).

En realidad, lo que hacen es señalar que el moderno crucero de lujo no va a navegar donde lo hizo Drake, que los turistas no vivirán aventuras, que los tesoros que se llevarán a casa serán de carácter puramente metafórico y que un viaje a Margate les podría aportar «todo el placer y descanso» que necesitaran.[5] Todo muy cierto. Basta con un talento inferior al de Cayo y Titius para darse cuenta de eso. De lo que no se han percatado, o no les ha interesado en absoluto, es de que se podría aplicar un tratamiento muy similar a gran parte de la buena literatura que trata esa misma emoción. Después de todo, usando únicamente la lógica, ¿qué puede añadir la historia de los albores del cristianismo en Gran Bretaña a las motivaciones para la piedad que ya existían en el siglo XVIII? ¿Por qué había de afectar la antigüedad de Londres a que la residencia del Sr. Wordsworth sea más acogedora o a que el aire de esa ciudad sea más saludable?

Si realmente existe algún obstáculo que impida a un crítico «desacreditar» a Johnson y Wordsworth (o a Lamb, Virgilio, Thomas Browne o De la Mare) como *El libro verde* desacredita ese anuncio comercial, Cayo y Titius no han contribuido en lo más mínimo a que sus jóvenes lectores lo descubran.

Con este pasaje, el alumno no adquirirá enseñanza alguna acerca de la literatura. Lo que aprenderá en seguida, y quizás para siempre, es la creencia de que todas las emociones suscitadas por asociación son en sí mismas contrarias a la razón y dignas de desprecio. No podrá saber que hay dos formas de ser inmune a ese anuncio comercial, que el anuncio fracasa igualmente con los que están por encima y con los que están por debajo de él, con el hombre dotado de verdadera sensibilidad y con un simple mono con pantalones que nunca ha podido concebir el Atlántico como algo más que millones de toneladas de agua salada y fría. Existen dos hombres a los que no tiene sentido presentarles un falso artículo editorial sobre patriotismo y honor: uno es el cobarde, el otro es el hombre patriota y de honor. A la mente del alumno no se le presenta nada de esto. Al contrario, se le insta a rechazar el atractivo de *Viaje a las Islas Occidentales de*

Escocia sobre la peligrosísima base de que al hacerlo podrá presentarse como un tipo listo al que no pueden timar así como así. Cayo y Titius, sin enseñarle nada sobre las letras, privan a su alma, mucho antes de que tenga edad para poder elegir, de la posibilidad de disfrutar ciertas experiencias que pensadores de más autoridad que ellos han defendido como generosas, fructíferas y humanas.

Pero no son solo Cayo y Titius. En otro librito, a cuyo autor llamaré Orbilio, veo que se lleva a cabo la misma operación, aplicando la misma anestesia general. Orbilio opta por «desacreditar» un texto de muy pocas luces sobre los caballos, donde se elogia a estos animales como «atentos sirvientes» de los primeros colonos de Australia.[6] Y cae en la misma trampa que Cayo y Titius. No dedica ni una palabra a Ruksh y Sleipnir, a las lágrimas de los corceles de Aquiles, al caballo de batalla del Libro de Job —ni siquiera a Brer Rabbit y Perico el conejo travieso—, a la devoción del hombre prehistórico a «nuestro hermano el buey», a todo lo que el tratamiento semiantropológico de los animales ha significado en la historia del hombre y de la literatura en la que halla noble o sazonada expresión.[7] Ni siquiera habla de los problemas de psicología animal que la ciencia se plantea. Se contenta con explicar que los caballos no tienen, *secundum litte-ram*, interés alguno en la expansión colonial.[8] Este retazo de información es en realidad todo lo que sus alumnos reciben de él. No se les dice nada acerca de por qué la redacción que tienen delante es mala, cuando otras a las que se acusa de lo mismo son buenas. Mucho menos aprenden de las dos clases de hombres que están, respectivamente, por encima y por debajo del peligro de semejante escrito: el hombre que conoce a los caballos y los ama de veras, no con ilusiones antropomórficas, sino con amor cabal, y el recalcitrante cabeza hueca urbano para quien un caballo no es más que un medio de transporte pasado de moda. Habrán perdido algo del disfrute de sus ponis o sus perros; habrán recibido algo de incentivo al trato descuidado o cruel a los animales; habrá entrado en sus mentes un cierto regodeo en su superioridad intelectual. Esa es su clase de Lengua del día, aunque de Lengua no habrán aprendido nada. Antes de tener edad suficiente para entenderlo, les han quitado sigilosamente de delante otro pedacito de su herencia como seres humanos.

Hasta aquí he asumido que maestros como Cayo y Titius no son plenamente conscientes de lo que están haciendo y no están en su intención las serias consecuencias que en realidad desencadenan. Por supuesto, hay otra posibilidad. Puede ser que el tipo de hombres que realmente quieren producir sea lo que yo he llamado (confiando en que participan de un determinado sistema tradicional de valores) el «mono con pantalones» y el «cabeza hueca urbano». Las diferencias entre nosotros pueden seguir su curso. Pueden sostener que los sentimientos humanos corrientes sobre el pasado, sobre los animales o sobre una inmensa cascada son contrarios a la razón, son despreciables y deben ser erradicados. Puede que tengan la intención de barrer totalmente los valores tradicionales y comenzar con un nuevo sistema. Más tarde trataremos esta postura. Si es la que Cayo y Titius están adoptando, debo, por el momento, conformarme con señalar que es una postura filosófica, no literaria. Al llenar con ella su libro han cometido una injusticia con el padre o instructor que lo compra y se encuentra con la obra de unos filósofos aficionados donde esperaba hallar el trabajo de unos lingüistas profesionales. Si un padre enviara a su hijo al dentista y a su regreso lo encontrara con la dentadura intacta pero con la cabeza llena de los *obiter dicta* del odontólogo sobre el bimetalismo y las teorías de Bacon, seguro que no estaría muy contento.

Pero no creo que Cayo y Titius tuvieran la intención de propagar su filosofía bajo la tapadera de unas lecciones de Lengua. Creo que se han adentrado en esto por las siguientes razones. En primer lugar, la crítica literaria es difícil y lo que ellos hacen en la práctica es mucho más fácil. Explicar por qué un tratamiento deficiente de alguna emoción humana esencial es mala literatura, si excluimos los ataques que cuestionan la emoción en sí, resulta muy difícil. Incluso el doctor Richards, el primero en abordar seriamente el problema de lo que es malo en la literatura, fracasó en su intento. «Desprestigiar» la emoción, sobre la base de un racionalismo normal y corriente, es algo que casi todo el mundo puede hacer. En segundo lugar, creo que Cayo y Titius pueden haber malinterpretado, honestamente, la apremiante necesidad educativa del momento. Ven cómo la propaganda emocional domina su entorno —han aprendido de la tradición que todo joven es sentimental— y llegan a la conclusión de que lo mejor que pueden hacer es amurallar las mentes de los jóvenes contra la emoción. Mi propia experiencia como maestro me enseña lo contrario. Por cada alumno que necesita ser protegido de la flaqueza de un exceso de sensibilidad hay tres que necesitan ser despertados del letargo de la fría vulgaridad. La tarea del educador moderno no es talar selvas, sino irrigar desiertos. La defensa adecuada contra los falsos sentimientos es inculcar sentimientos justos. Al secar la sensibilidad de nuestros pupilos solo los estamos convirtiendo en presas más fáciles para el propagandista venidero. La naturaleza hambrienta se cobrará venganza, y un corazón duro no es protección infalible contra una mente débil.

Pero hay una tercera razón, y más profunda, para el procedimiento que adoptan Cayo y Titius. Pueden estar perfectamente dispuestos a admitir que una buena educación debería edificar algunos sentimientos a la vez que destruye otros. Pueden intentarlo. Pero es imposible que tengan éxito. Que hagan lo que quieran; al final lo único que cuente será la parte «desprestigiadora» de su obra. Para poder captar con claridad esta necesidad debo entrar por un momento en una digresión para mostrar que lo que podríamos llamar la propuesta educacional de Cayo y Titius es diferente de la de todos sus predecesores.

Hasta tiempos muy recientes, todos los maestros, incluso todos los hombres, creían que el universo era de tal modo que determinadas emociones por nuestra parte podrían ser o congruentes o incongruentes con él; creían, de hecho, que los objetos no simplemente reciben, sino que *merecerían*, nuestra aprobación o desaprobación, nuestra reverencia o nuestro desprecio. La razón por la que Coleridge coincide con el turista que llamó «sublime» a la cascada y no está conforme con el que la llamó «bella» era, por supuesto, que él creía que la naturaleza inanimada es tal que hace que ciertas respuestas puedan ser, con respecto a ella, más «justas», «oportunas» o «apropiadas» que otras. Y creía (acertadamente) que los turistas también pensaban así. El hombre que calificó la cascada de sublime no pretendía simplemente describir sus emociones con respecto a ella, estaba también afirmando que el objeto era tal que *merecía* tales emociones. Pero no hay tema para acuerdo o desacuerdo en esta afirmación. Discrepar con «Esto es bello» si estas palabras simplemente describían los sentimientos de la dama sería absurdo: si ella hubiera dicho «Me siento mal», Coleridge difícilmente podría haber replicado: «No; me siento bastante bien». Cuando Shelley, tras comparar la sensibilidad humana con el arpa eólica, añade que aquella difiere de esta en que tiene un poder de ajuste interno por medio del cual puede «acomodar sus cuerdas a los movimientos de aquello que las tañe»,[9] está dando por sentado la misma creencia. «¿Acaso puedes ser recto —pregunta Traherne— si no eres justo en dar a las cosas la estima que les es debida? Todas las cosas fueron hechas para ser tuyas y tú has sido creado para apreciarlas conforme a su valor».[10]

San Agustín define la virtud como *ordo amoris*, la ordenada condición de los sentimientos en la que a cada objeto se concede el tipo de grado de amor apropiado a él.[11] Aristóteles dice que el propósito de la educación es hacer que al pupilo le agraden y le desagraden las cosas adecuadas.[12] Cuando llega la edad del pensamiento reflexivo, el alumno que ha sido formado en los «afectos ordenados» o «sentimientos adecuados» encontrará fácilmente los primeros principios de la Ética; pero para el hombre corrupto serán imposibles de ver y no podrá progresar en esa ciencia.[13] Antes que él, Platón había dicho lo mismo. El pequeño animal humano no tendrá de primeras las respuestas correctas. Habrá que educarlo para que sienta placer, agrado, desagrado y aborrecimiento ante las cosas que son placenteras, agradables, desagradables y aborrecibles.[14] En *La república*, la juventud correctamente educada es aquella «que puede ver con más claridad lo que está mal en las obras mal hechas del hombre o en los productos defectuosos de la naturaleza, y que con justo desagrado puede despreciar y odiar lo carente de belleza aun en su más tierna edad y puede deleitarse alabando la belleza, recibiéndola en su alma y nutriéndose de ella, de modo que lleguen a ser hombres de noble corazón. Todo ello antes de entrar en edad de razonar; de modo que cuando la Razón llegue a él, entonces, habiéndose formado así, el joven la reciba con brazos abiertos y la reconozca gracias a la afinidad que siente por ella».[15] En el hinduismo primitivo, la conducta de los hombres que puede calificarse como buena consiste en conformidad con, o casi participación en, el *Rta*, ese gran ritual o patrón de lo natural y sobrenatural que se revela en el orden cósmico, las virtudes morales y los ceremoniales del templo. La rectitud, lo correcto, el orden, el *Rta*, se identifican constantemente con *Satya*, la verdad, la correspondencia con la realidad. Así como Platón dijo que el Bien está «más allá de la existencia» y Wordsworth afirmó que mediante la virtud las estrellas se mantenían firmes, así los maestros indios dicen que los dioses mismos nacen del *Rta* y lo obedecen.[16]

Los chinos también hablan de algo grande (lo más grande) y lo llaman el *Tao*. Se trata de la realidad que hay más allá de todo lo que se puede afirmar, el abismo que existía antes que el Creador mismo. Es la Naturaleza, es el Camino, la Vía. Es el Camino por el que transcurre el universo, el Camino en el que las cosas eternamente salen, en silencio y tranquilidad, al espacio y el tiempo. También es el Camino que todo hombre debe pisar, imitando esa progresión de lo cósmico y sobrecósmico, moldeando todas las actividades conforme al gran patrón.[17] Dicen las *Analectas*: «En el ritual, lo que se valora es la armonía con la Naturaleza».[18] De modo similar, los antiguos judíos alababan la Ley como «verdadera».[19]

Para ser breves, nos referiremos a este concepto, en todas sus formas (platónica, aristotélica, estoica, cristiana y oriental), como «el *Tao*». A muchos de ustedes, algunas de las citas que uso al respecto les parecerán, quizás, simple literatura exótica o mágica. Pero lo que todas tienen en común es algo que no podemos pasar por alto. Es la doctrina del valor objetivo, la creencia de que ciertas actitudes son realmente verdaderas y otras son realmente falsas con respecto a lo que es el universo y a qué somos nosotros. Quienes conocen el *Tao* pueden afirmar que llamar hermosos a los niños o venerable al anciano es algo más que el simple registro de un dato psicológico acerca de nuestras emociones paternales o filiales del momento, es el reconocimiento de una cualidad que *exige* de nosotros. Personalmente, la compañía de niños no es algo que me entusiasme: como hablo desde el *Tao*, reconozco que es un defecto mío, igual que quien reconoce que no tiene oído para la música o no puede distinguir un color. Y puesto que nuestra aprobación o desaprobación es el reconocimiento de un valor objetivo o la respuesta a un orden objetivo, los estados emocionales pueden estar en armonía con la razón (cuando nos agrada lo que es digno de aprobación) o fuera de la armonía con la razón (cuando nos agrada lo que debería disgustarnos). En sí misma, ninguna emoción es un juicio; en este sentido, todas las emociones, como los sentimientos, son alógicas. Pero pueden ser razonables o no en la medida en que se amoldan a la razón o no. El corazón nunca ocupa el lugar de la cabeza, pero puede, y debe, obedecerla.

Contra todo esto se alza el mundo de *El libro verde*. En él se ha excluido la mera posibilidad de un sentimiento que sea razonable, o incluso no razonable. Puede serlo o no únicamente si se conforma o no a alguna otra cosa. Decir que la catarata es sublime implica decir que nuestra emoción de humildad es apropiada o adecuada a la realidad, y, por tanto, habla de algo más aparte de la emoción, del mismo modo que decir que un zapato me va bien no solo habla del zapato, sino de mi pie. Pero esta referencia a algo más allá de la emoción es lo que Cayo y Titius excluyen de toda oración que contenga un predicado de valor. Tales afirmaciones, para ellos, se refieren exclusivamente a la emoción. Pero la emoción, así considerada en sí misma, no puede estar de acuerdo ni en desacuerdo con la Razón. Esto es irracional, no en el sentido en que lo es un paralogismo, sino como lo es un hecho físico: ni siquiera llega a la dignidad de error. Desde este punto de vista, el mundo de los hechos, sin rastro de valor, y el mundo de los sentimientos, sin rastro de verdad o falsedad, de justicia o injusticia, se enfrentan entre sí y no hay *reacercamiento* posible.

Por tanto, el problema educacional es completamente distinto dependiendo de si uno está dentro o fuera del *Tao*. Para quienes están dentro, la tarea está en formar al alumno en aquellas respuestas que sean de por sí apropiadas, aunque nadie las esté formulando, y en establecer aquellas en que consiste la naturaleza misma del hombre.

Los que están fuera, si son coherentes, deben considerar todos los sentimientos como igualmente no racionales, como mera bruma entre nosotros y los objetos reales. Como resultado, deben decidir si quitan, en la medida de lo posible, todos los sentimientos de la mente del alumno o fomentan ciertos sentimientos por razones que no tienen nada que ver con su «adecuación» o «pertinencia» intrínsecas. Esta última deriva los involucra en el cuestionable proceso de crear en otros, mediante «sugestión» o encantamiento, un espejismo al que su propia razón ha conseguido hacer desaparecer.

Tal vez lo veamos más claro si tomamos una frase específica. Cuando un padre romano le contaba a su hijo cuán dulce y honorable era morir por su patria, creía en lo que decía. Le comunicaba al hijo una emoción que él mismo compartía y que creía que estaba de acuerdo con el valor que su juicio distinguía en una muerte noble. Le daba al muchacho lo mejor que tenía, le daba de su espíritu para hacerlo humano como le había dado de su cuerpo para engendrarlo. Pero Cayo y Titius no pueden creer que al llamar «dulce y honorable» a esa muerte pudiera estar diciendo «algo importante sobre algo». Su propio método de desprestigio clamaría contra ellos si lo intentaran. Porque la muerte no es algo que se pueda comer, de modo que no puede ser *dulce* en un sentido literal y es poco probable que las sensaciones que la preceden sean algo *dulce*, ni siquiera por analogía. Y en cuanto al *decorum*, la honorabilidad, no es más que una palabra que describe cómo se sentirán otras personas acerca de la muerte de ustedes cuando piensen al respecto, lo cual no será a menudo, y desde luego no les aportará a ustedes ningún bien. Solo se presentan dos caminos posibles para Cayo y Titius. O van hasta el final y desprestigian este sentimiento como todos los demás o tienen que ponerse a trabajar para producir, desde fuera, en el alumno un sentimiento que ellos consideran sin valor y que puede costarle la vida, porque es útil para nosotros (los supervivientes) que nuestro joven lo sienta. Si se embarcan en este camino, la diferencia entre la educación nueva y la vieja será importante. Donde la antigua operaba una iniciación, la nueva se limita a «condicionar». La antigua trataba con sus pupilos como un pájaro adulto trata con sus polluelos cuando los enseña a volar; la nueva trata con ellos como el avicultor hace con estos, tratándolos de tal o cual manera con propósitos de los que el pájaro no tiene ni idea. En una palabra: la antigua era una especie de propagación, de hombres que transmiten a otros lo que es ser hombres, mientras que la nueva es simple propaganda.

La opción por la primera alternativa es algo que honra a Cayo y Titius. La propaganda es abominación para ellos, no porque su filosofía les dé una base para condenarla (ni a ella ni a cualquier otra cosa), sino porque ellos son mejores que sus principios. Probablemente poseen alguna vaga noción (algo que examinaré en mi próxima conferencia) de que el juicio de valor, la justicia y la buena fe son cosas que se pueden recomendar al alumno en el terreno que ellos llamarían «racional» o «biológico» o «moderno», si llegase a ser necesario. Mientras tanto, dejan a un lado el asunto y se dedican a la tarea de «desprestigiar».

Pero este camino, aunque no tan inhumano, no es menos desastroso que la alternativa opuesta, la cínica propaganda. Imaginemos por un momento que las más arduas virtudes pudiesen realmente ser justificadas teóricamente sin apelar a un valor objetivo. Sigue siendo cierto que ninguna justificación de la virtud capacitará a un hombre para ser virtuoso. Sin la ayuda de una formación en emociones, el intelecto no puede hacer nada contra el organismo animal. Prefiero jugar a los naipes con un hombre escéptico en cuanto a la ética pero educado para creer que «un caballero no hace trampas» antes que con un intachable filósofo moral que se ha criado entre estafadores. En la batalla, no son los silogismos los que mantendrán firmes los nervios y los músculos en la tercera hora de un bombardeo. El sentimentalismo más ordinario (el que Cayo y Titius no soportan) suscitado por una bandera, un país o un regimiento será más provechoso. Ya hace tiempo que Platón nos lo dijo. Así como el rey gobierna mediante su poder ejecutivo, así la Razón en el hombre debe gobernar lo que es mero instinto por medio del «elemento espiritual».[20] La cabeza gobierna el estómago a través de lo que hay dentro del pecho, que es donde se asienta, como Alanus nos cuenta, la Magnanimidad,[21] de las emociones organizadas, mediante el entrenamiento del hábito, en sentimientos estables. Corazón-Magnanimidad-Sentimiento, estos son los coordinadores imprescindibles entre el hombre cerebral y el visceral. Incluso podría decirse que es por este elemento intermedio por lo que el hombre es hombre, pues mediante su intelecto es mero espíritu y mediante su instinto es mero animal.

Lo que pretenden producir *El libro verde* y los de su tipo es lo que podría llamarse «hombres sin nada en el pecho». Es una barbaridad que se hable normalmente de ellos como de intelectuales. Esto les da la oportunidad de decir que quien los ataca a ellos ataca a la Inteligencia. Y no es así. No se distinguen del resto de los mortales por ninguna capacidad fuera de lo común para encontrar la verdad ni por ningún ardor virginal por buscarla. Más bien sería extraño que tuvieran algo así, pues no se puede mantener una perseverante devoción por la verdad, un adecuado sentido del honor intelectual, sin la ayuda de un sentimiento que Cayo y Titius desprestigiarían con tanta facilidad como a cualquier otro. No es un exceso de pensamiento, sino una falta de fructífera y generosa emoción lo que los señala. Sus cabezas no son más grandes de lo normal; lo que pasa es que sus pechos, donde va el corazón, están tan atrofiados que sus cabezas parecen mayores.

Y todo el tiempo —tal es la tragicomedia de nuestra situación— seguimos clamando justo por estas cualidades que hacemos imposibles. Apenas puede uno abrir un periódico sin que se le ponga delante la afirmación de que lo que nuestra civilización necesita es más «empuje» o dinamismo, o sacrificio personal, o «creatividad». En una especie de espeluznante simplismo, extirpamos el órgano y exigimos la función. Hacemos hombres sin nada en el pecho y esperamos de ellos virtud e iniciativa. Nos reímos del honor y nos sorprendemos de que haya traidores entre nosotros. Castramos y exigimos a los castrados que tengan prole.

2

EL CAMINO

El caballero trabaja sobre lo esencial.
Analectas DE CONFUCIO, 1.2

El resultado práctico de la educación en el espíritu de *El libro verde* tiene que ser la destrucción de la sociedad que la acepta. Pero esto no es necesariamente una refutación de la teoría del subjetivismo en cuanto a los valores. La doctrina verdadera debe ser tal que, si la aceptamos, estamos dispuestos a morir por ella. Nadie que hable desde el *Tao* la rechazaría por tal motivo: ἐν δὲ φάει καὶ ολεσσον [«destrúyenos en la luz», o «danos la luz y muramos»; N. de T.]. Pero todavía no hemos llegado a ese punto. La teoría de Cayo y Titius tiene problemas teóricos.

Pese a lo subjetivos que pueden ser acerca de algunos valores tradicionales, Cayo y Titius han mostrado, por el simple acto de escribir *El libro verde*, que tienen que existir algunos otros valores acerca de los cuales no son subjetivos en absoluto. Ellos escriben con el fin de producir ciertas disposiciones mentales en la nueva generación; si no lo hacen porque piensan que tales disposiciones son intrinsecamente justas o buenas, sí lo hacen, desde luego, porque los ven como el medio para llegar a algún tipo de sociedad que ellos consideran deseable. No sería difícil recopilar de varios pasajes de *El libro verde* en qué consiste su ideal. Pero no tenemos por qué hacerlo. Lo importante no es la naturaleza exacta de su fin, sino el hecho de que posean un fin. Deben tenerlo, o su libro (que es de intención puramente práctica) no tendría razón de ser. Y este fin debe tener un valor real ante sus ojos. Abstenerse de llamarlo «bueno» y utilizar en su lugar atributos como «necesario», «progresista» o «eficiente» sería un subterfugio. En una discusión, se podrían ver obligados a responder a preguntas como «necesario para qué», «progresista con qué horizonte», «eficiente en cuanto qué»; como último recurso tendrían que admitir algún estado de cosas que en su opinión fuera bueno para sus propósitos. En ese momento ya no podrían sostener que «bueno» se limita a describir sus sentimientos al respecto. Porque la razón de ser de su libro es la de condicionar al joven lector para que apruebe lo mismo que ellos aprueban, y algo así sería la empresa de un loco o un canalla, a menos que sostuvieran que las cosas que ellos aprueban son de alguna manera válidas o correctas.

De hecho, Cayo y Titius se encontrarán sosteniendo, con un dogmatismo absolutamente acrítico, la totalidad del sistema de valores que estuvo de moda entre los jóvenes de ámbitos profesionales durante el periodo de entreguerras.[1] Su escepticismo en lo relativo a los valores es algo superficial, para usarlo solo con los valores de otros; no hay nada de ese escepticismo cuando se trata de los valores que en la práctica integran su sistema. Y este fenómeno es muy habitual. Un gran número de los que «desprestigian» los valores tradicionales o, como ellos dicen, «sentimentales» poseen en su trasfondo valores propios que ellos consideran inmunes al procedimiento de desenmascaramiento. Proclaman estar eliminando el desarrollo parasitario de la emoción, la aprobación religiosa y los tabúes heredados con el propósito de que emerjan los valores «reales» o «esenciales». Ahora trataré de averiguar qué sucede si se aborda en serio esto.

Sigamos usando el ejemplo anterior —el de morir por una causa justa—, por supuesto, no porque la virtud sea el único valor o el martirio sea la única virtud, sino porque este es el *experimentum crucis* que pone los diferentes sistemas de pensamiento bajo una luz más clara. Supongamos que un Innovador en valores considera *dulce et decorum* y *nadie tiene mayor amor que este* como simples sentimientos irracionales que deben ser desterrados para que podamos descender al terreno «realista» o «esencial» de este valor. ¿Dónde encontrará semejante terreno?

En primer lugar, tal vez diga que el valor real radica en la utilidad de dicho sacrificio para la comunidad. Diría entonces: «"Bueno" *significa* que es provechoso para la comunidad». Pero, obviamente, la muerte de la comunidad no es provechosa para la comunidad, solo la muerte de alguno de sus miembros. Lo que realmente se quiere decir es que la muerte de algunos hombres es provechosa para otros hombres. Esto es muy cierto. Pero ¿sobre qué base se pide a algunos que mueran en beneficio de otros? Cualquier apelación al orgullo, al honor, a la vergüenza o al amor queda excluida por hipótesis. Dicha apelación supondría un regreso al sentimiento y la tarea del Innovador es, una vez ha cortado con todo eso, explicar a los hombres, en términos de puro razonamiento, por qué es un buen consejo decirles que mueran para que otros puedan vivir. Puede decir: «A menos que alguno de nosotros se *arriesgue* a la muerte, todos moriremos con *seguridad*».

Pero se puede decir únicamente en un número limitado de casos; e incluso cuando es verdad suscita la muy razonable pregunta en contra: «¿Por qué tengo que ser yo uno de los que corran ese riesgo?».

En este punto, el Innovador puede preguntar por qué, después de todo, el egoísmo debería ser más «racional» o «inteligente» que el altruismo. Bienvenida sea la pregunta. Si por Razón queremos decir el procedimiento que emplean Cayo y Titius cuando se dedican a desprestigiar (es decir, a inducir por inferencia de proposiciones, derivadas en última instancia de datos de los sentidos, proposiciones ulteriores), entonces la respuesta debe ser que negarse a ese sacrificio no es más racional que acceder a hacerlo. Y no es menos racional. Ninguna elección es racional, o irracional, en absoluto. No se puede derivar ninguna conclusión *práctica* de proposiciones que se refieren a un hecho aislado. Un «esto preservará a la sociedad» no puede llevarnos a un «haz esto», a menos que tengamos un «hay que preservar la sociedad». Un «esto te va a costar la vida» no puede llevar directamente a un «no hagas esto»; únicamente puede conducir a ello si se siente un deseo o se reconoce un deber de autoconservación. El Innovador trata de llegar a una conclusión en imperativo partiendo de premisas en indicativo, y ni aunque se pase la eternidad intentándolo lo conseguirá, porque es imposible. Una de dos, o ampliamos la palabra Razón para incluir lo que nuestros antepasados llamaban la Razón Práctica y confesamos que juicios de valor como «hay que preservar la sociedad» (aunque no encuentren por sí mismos apoyo en el tipo de razones que Cayo y Titius exigen) no son simples sentimientos, son la racionalidad misma; o, de lo contrario, renunciamos de una vez para siempre al intento de encontrar un núcleo de valor «racional» tras todos los sentimientos que hemos desprestigiado. El Innovador no escogerá la primera opción, pues los principios prácticos que todos los hombres conocen como Razón son, sencillamente, el *Tao* que él se ha propuesto sustituir. Es más fácil que abandone la búsqueda de un núcleo «racional» y se dedique a perseguir un fundamento aún más «esencial» y «realista».

Es probable que le parezca haberlo hallado en el Instinto. La preservación de la sociedad, y la de la especie misma, son fines que no penden del frágil hilo de la Razón: los tenemos por Instinto. Por eso es por lo que no necesitamos discutir con el hombre que no los reconoce. Tenemos un impulso instintivo a preservar nuestra especie.

Ese es el motivo por el que los hombres trabajan para las futuras generaciones. No tenemos un impulso instintivo a cumplir promesas o a respetar la vida del individuo: es por eso por lo que los escrúpulos de justicia y humanidad —en realidad, el *Tao*— se pueden obviar cuando entran en conflicto con nuestro fin real: la conservación de la especie. Esta es, una vez más, la razón por la que la situación actual permite y exige una nueva moral sexual. Los antiguos tabúes sirvieron a algún propósito real que ayudaba a conservar la especie, pero los contraceptivos han cambiado la situación y ahora ya podemos dejar muchos de los tabúes. Porque, por supuesto, el deseo sexual, como es instintivo, debe hallar gratificación siempre que no entre en conflicto con la conservación de la especie. De hecho, parece como si una ética basada en el instinto diera al Innovador todo lo que quiere y nada de lo que no quiere.

En realidad, no hemos avanzado ni un paso. No insistiré en el hecho de que Instinto es un nombre que damos a algo que no sabemos qué es (decir que las aves migratorias encuentran su camino por instinto es solo otra forma de decir que no sabemos cómo encuentran su camino las aves migratorias), pues creo que aquí se usa con un

significado bastante definido, en el sentido de un impulso espontáneo e irreflexivo que siente la amplia mayoría
de miembros de una determinada especie. ¿En qué nos
ayuda el Instinto, así entendido, a encontrar valores «reales»? ¿Se puede asegurar que *debemos* obedecer al Instinto, que no podemos hacer otra cosa? En caso afirmativo,
¿por qué se escriben obras como *El libro verde* y otras
semejantes? ¿Qué razón hay para esta corriente de exhor-
tación que quiere llevarnos a donde no podemos evitar ir?
¿A qué se deben esos elogios a quienes se han sometido
a lo inevitable? ¿O es que se está diciendo que si obe-
decemos al Instinto estaremos felices y satisfechos? Pero
la verdadera cuestión que estamos considerando es la de
enfrentarnos a la muerte, la cual (al menos, en cuanto le
consta al Innovador) pone fin a toda posible satisfacción;
y si tenemos un deseo instintivo de bien para las futuras
generaciones, este deseo, por la propia naturaleza de la
situación, jamás podrá ser satisfecho, puesto que logra su
propósito, si es que lo consigue, cuando morimos. Tenemos la fuerte sensación de que el Innovador no debería
decir que tenemos que obedecer al Instinto, ni que encontraremos satisfacción en esa obediencia, sino que *sería
conveniente* obedecerlo.[2]

Pero ¿por qué deberíamos obedecer al Instinto? ¿Acaso existe otro instinto de orden superior que nos dirige a hacerlo, y un tercero de un orden aún más alto que nos dirige a obedecer al segundo... y así en una recurrencia infinita? Cabe presumir que esto no es posible, pero ninguna otra respuesta servirá. Partiendo de la aseveración acerca del hecho psicológico de que «Tengo un impulso para hacer esto y aquello» no podemos ser tan ingenuos como para deducir el principio práctico «Debería obedecer este impulso». Aun si fuera verdad que los hombres poseen un impulso espontáneo e irreflexivo de sacrificar sus vidas por la preservación de sus semejantes, sigue vigente la cuestión aparte de si se trata de un impulso que debería controlar o de uno por el que debería dejarse llevar. Porque hasta el Innovador reconoce que muchos impulsos (los que entran en conflicto con la conservación de la especie) tienen que ser controlados. Y este reconocimiento nos lleva seguramente a un problema aún más fundamental.

Decirnos que obedezcamos al Instinto es como decirnos que obedezcamos a «la gente». La gente dice cosas diferentes, lo mismo que los instintos. Nuestros instintos están en guerra. Si se sostiene que hay que obedecer al instinto de conservación de la especie a expensas de otros instintos, ¿de dónde derivamos esta regla de precedencia? Prestar oído a tal instinto, que nos habla en su propia causa, y decidir en su favor sería una simpleza. Cada instinto, si uno le hace caso, pedirá su gratificación a expensas del resto. Mediante el acto mismo de escuchar a uno en lugar de a los otros ya hemos prejuzgado el caso. Si no sometiéramos al examen de nuestros instintos un conocimiento de su dignidad comparativa no podríamos aprender de ellos dicho conocimiento. Y este no puede ser instintivo: el juez no puede ser una de las partes en litigio. O, si lo es, la decisión no vale y no hay base para poner la conservación de la especie por encima de la autoconservación o del apetito sexual.

La idea de que, sin apelar a ningún tribunal más alto que los instintos mismos, podemos encontrar un fundamento para dar preferencia a unos instintos por encima de otros lo tiene muy difícil. Nos agarramos a palabras inútiles: lo llamamos instinto «básico», «fundamental», «primario» o «más profundo». No sirve de mucho. Tales palabras, o bien esconden un juicio de valor que *sobrepasa* al instinto y, en consecuencia, no es derivable *de* él, o bien se limitan a registrar la intensidad con que lo sentimos, la frecuencia con que opera y la extensión con que se difunde. Si es lo primero, se ha abandonado todo intento de fundamentar el valor en el instinto; si es el segundo, esas observaciones acerca de los aspectos cuantitativos de un hecho psicológico no conducen a una conclusión práctica. Estamos ante el viejo dilema: o las premisas ya esconden un imperativo o la conclusión se queda en lo indicativo.[3]

Por último, cabe preguntarse si *existe* algún instinto que se preocupe por las generaciones futuras o preserve la especie. En mí no lo he descubierto, y eso que soy un hombre más bien propenso a pensar en futuros remotos, alguien que disfruta leyendo a Olaf Stapledon. Mucha más dificultad tengo para creer que la mayoría de personas que se sientan frente a mí en el bus o están delante de mí en las filas sientan un impulso irreflexivo por hacer cualquier cosa con respecto a la especie o a la posteridad. Solo las personas educadas de una determinada manera han tenido ante su pensamiento la idea de «posteridad». Es difícil atribuir al instinto nuestra actitud hacia un objeto que existe únicamente para el hombre reflexivo. Lo que por naturaleza tenemos es un impulso de preservar a nuestros propios hijos y nietos; un impulso que se hace cada vez más débil conforme la imaginación mira hacia adelante y que acaba muriendo en los «desiertos de la inmensa futuridad». Ningún padre guiado por su instinto soñaría ni por un momento con anteponer las reivindicaciones de sus hipotéticos descendientes a las del bebé que en este momento está llorando y pataleando en el cuarto. Aquellos de nosotros que aceptamos el *Tao* podemos, quizás, decir que ese padre debe obrar así, pero los que tratan el instinto como la fuente del valor no podrán decir lo mismo. Conforme pasamos del amor de una madre a la planificación racional del futuro, salimos del reino del instinto para entrar en el de la elección y la reflexión; y si el instinto es la fuente del valor, hacer planes de futuro tiene que ser menos respetable y menos vinculante que el lenguaje de carantoñas y mimos de una madre amorosa o que las más tontas historias para bebés de un papá adorable. Si hemos de basarnos en el instinto, tales cosas son la sustancia, y la preocupación por las generaciones futuras son la sombra, la enorme y parpadeante sombra de la felicidad infantil proyectada sobre la pantalla de un futuro desconocido. No digo que esta proyección sea algo malo, pero, entonces, no creo que el instinto sea el fundamento de los juicios de valor. Lo absurdo es proclamar que su preocupación por las generaciones futuras encuentra su justificación en el instinto, para luego mofarse a la menor ocasión del único instinto sobre el que se supone que se puede sustentar, casi arrancando al niño del pecho materno para llevarlo al jardín de infancia en aras del progreso de la raza venidera.

La verdad sale finalmente a la luz y se ve que el Innovador no puede encontrar la base para su sistema de valores ni maniobrando con distintas proposiciones factuales ni apelando al instinto. Es imposible hallar ahí ninguno de los principios que él exige, pero hay que encontrarlos en alguna otra parte. «Todas las cosas que hay en los cuatro mares son hermanas mías» (xii.5) dice Confucio del Chiin-tzu, el *cuor gentil* o gentilhombre. *Humani nihil a me alienum puto*, dice el estoico. «Hagan lo que querrían que otros hicieran con ustedes», dice Jesús. «Hay que preservar la humanidad», dice Locke.[4] Todos los principios prácticos que hay detrás del problema que el Innovador tiene en cuanto a la posteridad, a la sociedad o a la especie están, desde tiempo inmemorial, en el *Tao*. Pero no están en ninguna otra parte. A menos que uno los acepte sin dudar como algo que es al mundo de la acción lo mismo que los axiomas son al mundo de la teoría, no podrá tener principios prácticos de ninguna clase. Uno no puede llegar a ellos como conclusiones, son premisas. Puede usted, puesto que no pueden dar de sí mismos la clase de razón que tape la boca a Cayo y a Titius, considerarlos sentimientos; pero en ese caso debe dejar de establecer contraste entre el valor «real» o «racional» y el valor sentimental; y deberá confesar (bajo pena de abandonar todos los valores) que el sentimiento no es «simplemente» subjetivo. Por otro lado, también puede usted considerarlo tan racional —no la racionalidad en sí— como las cosas obviamente razonables que ni exigen ni admiten demostración. Pero entonces debe admitir que la Razón puede ser práctica, que un *debería* no se tiene que descartar porque no pueda presentar como credencial un *es*. Si nada es evidente en sí mismo, nada es demostrable. De modo similar, si nada es obligatorio por sí mismo, nada es obligatorio en absoluto.

A algunos les parecerá que simplemente estoy retomando con otro nombre lo que ellos siempre han conocido como instinto esencial o fundamental. Pero hay implicado mucho más que una elección de palabras. El Innovador ataca los valores tradicionales (el *Tao*) en defensa de lo que en principio él cree que son (en algún sentido especial) valores «racionales» o «biológicos». Pero, como hemos visto, todos los valores que usa al atacar el *Tao*, que incluso reivindica como sustitutorios de él, derivan del *Tao*. Si él realmente hubiera empezado desde cero, desde fuera de la tradición humana del valor, no habría malabarismo capaz de hacerle avanzar un palmo hacia la concepción de que un hombre debiera morir por la comunidad o trabajar por las generaciones futuras. Si cae el *Tao*, todas sus concepciones del valor caen con él. Ninguna de ellas puede arrogarse otra autoridad que la del *Tao*. Solo en esos retazos del *Tao* que ha heredado encuentra el medio y la capacidad para atacarlo. Por tanto, se suscita la cuestión de qué autoridad posee para seleccionar unos aspectos de él para aceptarlos y otros para rechazarlos. Porque, si los aspectos que rechaza no tienen autoridad, tampoco la tienen los que mantiene; si lo que conserva es válido, lo que rechaza también lo es.

El Innovador, por ejemplo, otorga un alto valor a las cuestiones de la posteridad. No puede encontrar ninguna afirmación válida para la posteridad partiendo del instinto o (en el sentido moderno) de la razón. En realidad, está derivando nuestros deberes con las generaciones futuras a partir del *Tao*; nuestra obligación de hacer el bien a todos los hombres es un axioma de la Razón Práctica, y nuestro deber de hacer el bien a nuestros descendientes es una clara deducción de ella. Pero entonces, en todas las formas del *Tao* que han llegado hasta nosotros, junto con nuestro deber hacia nuestros hijos y descendientes está el deber hacia los padres y antepasados. ¿Con qué derecho rechazamos uno y aceptamos el otro? Una vez más, el Innovador coloca en primer lugar el valor económico. Tener a la gente alimentada y vestida es el gran fin, y en su búsqueda se dejan a un lado los escrúpulos sobre la justicia y la buena fe. Por supuesto, el *Tao* coincide con él en cuanto a la importancia de que la gente tenga alimento y abrigo. A menos que hubiese recurrido al *Tao*, el Innovador jamás habría aprendido que existe ese deber. Pero, junto con esta obligación, en el *Tao* está el deber de la justicia y el de la buena fe, que el Innovador trata de desprestigiar. ¿Con qué derecho? Puede que sea un jingoísta, un racista o un nacionalista radical que sostiene que el progreso de su pueblo es el objetivo ante el que debe rendirse todo lo demás. Pero esta opción no encontrará fundamento en ninguna clase de observación factual ni de apelación al instinto. Una vez más, de hecho, está derivándola del *Tao*: el deber hacia los nuestros, porque son como nosotros, forma parte de la moral tradicional. Pero junto con este deber, en el *Tao*, y acotándolo, están las inflexibles demandas de la justicia y la regla de que, a la larga, todos los hombres son nuestros hermanos. ¿De dónde le viene al Innovador la autoridad para seleccionar y elegir?

Puesto que no hallo respuesta para estas preguntas, llego a las siguientes conclusiones. Esto que por conveniencia he llamado el *Tao*, y que otros llaman Ley Natural o Moral Tradicional o los Cinco Principios de la Razón Práctica, no es uno entre una serie de posibles sistemas de valor. Es la única fuente de todos los juicios de valor. Si se rechaza, se rechaza todo valor. Si se conserva algún valor, se conserva todo él. El esfuerzo por refutarlo y levantar un nuevo sistema de valores en su lugar es contradictorio en sí mismo. Nunca ha habido, y nunca habrá, un juicio de valor radicalmente nuevo en la historia del mundo. Los que pretenden presentarse como nuevos sistemas o (como ahora los llaman) «ideologías», consisten todos ellos en fragmentos del *Tao*, sacados arbitrariamente del contexto de su totalidad para luego inflarlos hasta la locura como elementos aislados, pero siguen debiendo única y exclusivamente al *Tao* la validez que poseen. Si mi deber hacia mis padres es una superstición, también lo es mi deber hacia la posteridad. Si la justicia es una superstición, también lo es mi deber hacia mi país o mi gente. Si la búsqueda del conocimiento científico es un valor real, también lo es la fidelidad conyugal. La rebelión de las nuevas ideologías contra el *Tao* es una rebelión de las ramas contra el árbol: si los rebeldes consiguieran su propósito, se darían cuenta de que se habrían destruido a sí mismos. La mente humana no tiene más poder para inventar un nuevo valor del que tiene para imaginar un nuevo color primario, o, mejor dicho, para crear un nuevo sol y un nuevo cielo al que llevarlo.

¿Significa esto que no puede producirse ningún progreso en nuestras percepciones del valor? ¿Estamos obligados para siempre por un código inmutable que recibimos una vez y para siempre? ¿Y es posible, en cualquier caso, hablar de obedecer a lo que yo llamo el *Tao*? Si juntamos, como he hecho, la moral tradicional de Oriente, la de Occidente, la cristiana, la pagana y la judía, ¿no encontraremos muchas contradicciones y algunos absurdos? Reconozco que es así. Hace falta algo de crítica, eliminar contradicciones, incluso algo de desarrollo real. Pero hay dos clases diferentes de crítica.

Un teórico del lenguaje puede abordar su idioma natal como si se encontrara fuera de él, considerando su genialidad como algo que no tiene autoridad sobre él y abogando por cambios radicales de la lengua y el habla en aras de la conveniencia comercial o de la precisión científica. Esto es una cosa. Un gran poeta, alguien que «ha amado su lengua materna y se ha educado adecuadamente en ella», puede introducir también grandes cambios en el idioma, pero sus cambios los realiza con el espíritu de la lengua misma, trabaja desde dentro de ella. La lengua que los sufre ha inspirado también los cambios. Esto es otra cosa bien distinta, tan diferente como las obras de Shakespeare lo son del libro de Lengua de primaria. Es la diferencia entre el cambio desde dentro y el cambio desde fuera, entre lo orgánico y lo quirúrgico.

Del mismo modo, el *Tao* admite el desarrollo desde dentro. No es lo mismo un progreso moral real que una mera innovación. Desde el «No hagan a los demás lo que no quisieran que les hicieran a ustedes» de Confucio hasta el «Hagan lo que querrían que otros hicieran con ustedes» del cristianismo hay un progreso real. La moralidad de Nietzsche es mera innovación. La primera es progreso porque nadie que no admitiera la validez de la antigua máxima encontraría motivo para aceptar la nueva, y cualquiera que aceptara la antigua reconocería la nueva como una extensión del mismo principio. Si la rechazara, tendría que descartarla como un exceso, algo que ha ido demasiado lejos, no como algo simplemente heterogéneo desde sus propias ideas del valor. Pero la ética nietzscheana únicamente puede aceptarse si estamos dispuestos a desechar las morales tradicionales como un simple error, para luego ponernos a nosotros mismos en una posición en la que no encontraremos fundamento para ningún juicio de valor en absoluto. Esta es la diferencia entre un hombre que nos dice: «A usted le gusta que sus verduras sean moderadamente frescas, ¿por qué no las cultiva usted mismo y así las tendrá totalmente frescas?», y otro que nos dice: «Deshágase de estas hogazas y pruebe a comer en su lugar ladrillos con ciempiés».

Los que entienden el espíritu del *Tao* y han sido guiados por dicho espíritu pueden modificarlo en las direcciones que el espíritu mismo pide. Solo ellos pueden saber cuáles son esas direcciones. El que está afuera no sabe nada sobre el asunto. Sus intentos de cambio, como hemos visto, se contradicen a sí mismos. Lejos de ser capaz de armonizar, penetrando en su espíritu, las discrepancias que hay en su letra, simplemente trata de agarrarse a algún precepto en particular que, por accidentes del tiempo y el espacio, ha captado su atención, para cabalgar sobre él hacia la muerte, sin que pueda dar razón para ello. La única autoridad para modificar el *Tao* procede de dentro del propio *Tao*. Eso es lo que Confucio quiso decir cuando afirmó: «Es inútil tomar consejo de quienes siguen un Camino diferente».[5] Por eso mismo Aristóteles dijo que solo aquellos que hayan sido adecuadamente educados podrían estudiar Ética: el corrupto, el que es ajeno al *Tao*, no puede ver el verdadero punto de partida de esta ciencia.[6] Puede ser hostil, pero no crítico, no sabe de qué se está hablando. Por eso es por lo que dijo también: «Mas esta gente que no sabe la ley, maldita es»[7] y «el que no creyere, será condenado».[8] Es útil tener una mente abierta, en cuestiones que no son las cruciales. Pero una mente abierta con respecto a los fundamentos últimos de la Razón Práctica o la Razón Teórica es una idiotez. Si un hombre abre su mente en estas cosas, por lo menos que cierre la boca. No puede decir nada para el fin que persigue. Fuera del *Tao* no hay base para criticar ni el *Tao* ni cualquier otra cosa.

Sin duda, hay casos particulares en los que puede ser delicado dirimir dónde termina la crítica interna legítima y dónde comienza la nefasta crítica externa. Pero siempre que se pone a prueba un precepto de la moral tradicional para que demuestre su validez, como si la responsabilidad de la prueba cayera sobre él, se está optando por la postura indebida. El reformador legítimo se esfuerza por mostrar que el precepto en cuestión entra en conflicto con algún precepto cuyos defensores admiten que es más fundamental, o por demostrar que realmente no incorpora el juicio de valor que declara incluir. El ataque frontal de «¿Por qué?», «¿Qué bien hace?» o «¿Quién lo dijo?» nunca se permite; no porque sea duro u ofensivo, sino porque no hay ningún valor que pueda justificarse en ese nivel. Si insiste en *ese* tipo de comprobación, destruirá todos los valores, y así acabará con las bases de su propia crítica al mismo tiempo que destruye lo que critica. No puede ponerle un arma en la cabeza al *Tao*. Tampoco podemos posponer nuestra obediencia hasta haber examinado las credenciales de un precepto. Solo los que practican el *Tao* lo entenderán. Es el hombre de esmerada educación, el *cuor gentil*, solo él, quien puede reconocer a la Razón cuando la tiene delante.[9] Es Pablo, el fariseo, el hombre «en cuanto a [...] la ley, irreprensible» quien puede ver dónde y en qué sentido era deficiente la ley.[10]

Para evitar malos entendidos, puedo añadir que, aunque soy teísta, cristiano en realidad, no estoy aquí tratando de presentar ningún argumento indirecto en favor del teísmo. Simplemente estoy argumentando que, si hemos de tener valores, debemos aceptar los principios últimos de la Razón Práctica como poseedores de validez absoluta; debemos aceptar que cualquier intento, desconfiando ya de ellos, de recolocar el valor en un puesto más bajo, sobre alguna base supuestamente más «realista», está condenado al fracaso. Que esta posición implique o no un origen sobrenatural del *Tao* es un asunto que no voy a tratar aquí.

¿Cómo se puede esperar que la mentalidad moderna acepte la conclusión que hemos alcanzado aquí? Este *Tao* al que, por lo que parece, debemos tratar como un absoluto es sencillamente un fenómeno como cualquier otro: el reflejo en las mentes de nuestros ancestros del ritmo de la agricultura en la que se movían sus vidas, o incluso de su fisiología. Ya sabemos cómo, en principio, se producían tales cosas; pronto lo sabremos con detalle; con el tiempo podremos producirlas a voluntad. Por supuesto, mientras no sabíamos en qué consistía la mente, aceptábamos este accesorio mental como una referencia, incluso como un amo. Pero muchas cosas de la naturaleza que antes eran nuestros señores ahora son nuestros siervos. ¿Por qué no esta también? ¿Por qué debería nuestra conquista de la naturaleza frenarse, en estúpida reverencia, ante este elemento, el último y más resistente, de la «naturaleza», al que hasta ahora hemos llamado la conciencia del hombre? Ustedes nos amenazan con algún oscuro desastre si nos salimos de ella, pero ya hemos tenido oscurantistas que nos amenazaban de esta manera en cada paso de nuestro progreso, y en todas las ocasiones la amenaza ha resultado infundada. Nos dicen que si nos salimos del *Tao* no tenemos valores en absoluto. Muy bien, tal vez descubramos que podemos estar muy cómodos sin ellos. Consideremos todas las ideas de lo que *debiéramos* hacer simplemente como una interesante reliquia psicológica; apartémonos de todo eso y comencemos a hacer lo que nos plazca. Decidamos por nosotros mismos lo que ha de ser el hombre y convirtámoslo en eso, no sobre un fundamento de valor imaginario, sino porque queremos que sea así. Una vez dominado nuestro entorno, ejerzamos ya el dominio sobre nosotros mismos y elijamos nuestro propio destino.

Esta es una muy plausible posición, y los que la adoptan no pueden ser acusados de contradecirse como los

tibios escépticos que siguen esperando encontrar valores «reales» cuando han desprestigiado los tradicionales.
Y esto supone el rechazo del concepto de valor. Voy a
necesitar otra conferencia para dedicar atención a esto
último.

3
LA ABOLICIÓN DEL HOMBRE

Entonces se clavó en mi mente como con hierro de fuego el pensamiento de que, por más que me lisonjeaba, cuando me tuviese ya en su poder me vendería como esclavo.

JOHN BUNYAN

«La conquista de la Naturaleza por parte del Hombre» es una expresión que se usa con frecuencia para describir el progreso de las ciencias aplicadas. «El Hombre ha derrotado a la Naturaleza», le dijo alguien a un amigo mío no hace mucho. En su contexto, las palabras tenían una cierta belleza trágica, porque quien las pronunció se estaba muriendo de tuberculosis. «No importa —dijo—, sé que soy una de las bajas. Obviamente, hay bajas tanto en el lado del vencedor como en el del perdedor». He elegido esta historia como punto de partida con el propósito de dejar claro que no deseo menospreciar todo lo que tiene de realmente beneficioso el proceso descrito como «la conquista del Hombre», y mucho menos toda la verdadera dedicación y abnegado sacrificio que ha llegado a hacerla posible. Pero, aclarado esto, debo proceder a analizar esta concepción un poco más de cerca. ¿En qué sentido es el Hombre el poseedor de un poder cada vez mayor sobre la Naturaleza?

Consideremos tres ejemplos típicos: el avión, la radio y los anticonceptivos. En una comunidad civilizada, en tiempo de paz, todo el que pueda costeárselo puede usarlos. Pero, en sentido estricto, no puede decirse que cuando lo hacen están ejerciendo su poder propio o individual sobre la Naturaleza. Que yo pueda pagarle para que me lleve no significa que yo sea alguien fuerte. Cualquiera de estas tres cosas, o las tres, que he mencionado puede serles negada a algunos hombres por parte de otros (por los que las comercializan, por los que regulan su comercio, por los dueños de las fuentes de producción o por quienes manufacturan los productos). Lo que llamamos poder del Hombre es en realidad un poder que algunos hombres poseen, y estos pueden permitir, o no, que otros hombres se beneficien de él. Una vez más, al considerar los poderes que intervienen en el avión o la radio, el Hombre es tanto el sujeto paciente como el poseedor, puesto que es el destinatario tanto de las bombas como de la propaganda. Y, en lo que respecta a los anticonceptivos, hay un paradójico sentido negativo en el que todas las generaciones futuras son sujeto paciente de un poder que ostentan los que viven hoy. Simplemente mediante la contracepción, se les niega la existencia, puesto que, si se usan esos medios con fines de selección de quién nace, las generaciones futuras las constituirán, sin que cuente su voz, aquellos que la generación presente, guiada por sus propias razones, decida elegir. Desde este punto de vista, lo que llamamos poder del Hombre sobre la Naturaleza resulta ser un poder ejercido por algunos hombres sobre otros, valiéndose de la Naturaleza como su instrumento.

Por supuesto, es un tópico quejarse de que, hasta el presente, los hombres han usado incorrectamente y contra sus semejantes los poderes que la ciencia les ha dado. Pero no es este el punto que quiero tratar. No hablo de corrupciones y abusos particulares que se puedan arreglar con un aumento de la virtud moral; lo que estoy considerando es qué debe ser y qué es en esencia eso que llamamos «poder del Hombre sobre la Naturaleza». Sin duda, este cuadro podría modificarse mediante la propiedad pública de las materias primas y las fábricas, y el control estatal de la investigación científica. Pero, a menos que tengamos un gobierno mundial único, esto seguiría significando que una nación ejercería el poder sobre otras. E incluso con un único gobierno o estado mundial, esto implicaría, en general, el poder de las mayorías sobre las minorías y, en particular, el de un gobierno sobre el pueblo. Y todos los ejercicios de poder a largo plazo, especialmente en lo relativo a la natalidad, implican a la fuerza el poder de las generaciones anteriores sobre las posteriores.

Este último punto no siempre se subraya como debería, porque quienes escriben sobre cuestiones sociales todavía no han aprendido a emular a los físicos, que siempre incluyen el factor tiempo entre las dimensiones. Para entender completamente lo que significa de verdad el poder del Hombre sobre la Naturaleza y, por tanto, el poder de algunos hombres sobre los demás, debemos trazar un gráfico del surgimiento de la raza hasta su extinción. Cada generación ejerce poder sobre las que le suceden; y cada una de ellas, en la medida en que modifica el medio ambiente heredado y se rebela contra la tradición, se resiste al poder de sus predecesores y lo limita. Esto cambia el cuadro que a veces se nos presenta, en el que una emancipación progresiva de la tradición y un control progresivo de los procesos naturales da como resultado un aumento continuo del poder humano. En realidad, desde luego, si en alguna era se alcanza, mediante la educación científica y la eugenesia, el poder de hacer que los descendientes sean como esa generación desea, todos los que vivan después de ella serán sujeto paciente de ese poder. Serán más débiles, no más fuertes, porque, aunque hayamos puesto máquinas maravillosas en sus manos, habremos preordenado cómo deben usarlas. Y si, como es casi seguro, la era en la que así hayamos alcanzado el poder máximo sobre las generaciones posteriores fuera también la era que más se haya emancipado de la tradición, se dedicaría a reducir el poder de sus predecesores casi tan drásticamente como el de sus sucesores. Y debemos recordar también que, aparte de esto, cuanto más reciente sea una generación (y más cerca viva de la fecha en que se extinga la especie) menos poder tendrá en cuanto a lo que hay por delante, puesto que sus sujetos serán menos. Por tanto, no se puede hablar de que la raza humana como un todo tenga un poder en firme incremento todo el tiempo de supervivencia de la especie. Los últimos hombres, lejos de ser herederos del poder, serán los más sujetos a la mortífera mano de los grandes planificadores y manipuladores, y serán los que menos poder ejerzan sobre el futuro.

El cuadro real nos muestra una era dominante —supongamos que en siglo cien de nuestra era— que se resiste con más éxito a todas las épocas anteriores y domina a todas las eras posteriores de manera más irresistible. Pero entonces, en esta generación que se enseñorea (y que es en sí una minoría infinitesimal en la especie), el poder lo ejercerá una minoría aún más reducida. La conquista de la Naturaleza por parte del Hombre, si se cumple el sueño de algunos programas científicos, significa que unos pocos cientos de personas gobiernen sobre miles y miles de millones de seres humanos. No hay ni debe haber el más simple incremento de poder por parte del Hombre. Todo nuevo poder conseguido *por* el Hombre es también un poder *sobre* el Hombre. Cada paso de avance lo deja más débil a la vez que más fuerte. En cada victoria, además de ser el general vencedor, es el prisionero que desfila tras el carro triunfal.

Todavía no estoy analizando si el resultado total de tan ambivalentes victorias es algo bueno o malo. Simplemente estoy dejando claro qué es lo que significa realmente la conquista de la Naturaleza por parte del Hombre y, sobre todo, la etapa final de la conquista, que tal vez no esté lejos. La fase final llega cuando el Hombre, por medio de la eugenesia, a través de la manipulación prenatal y mediante una educación y propaganda basadas en una psicología aplicada perfecta, ha conseguido el control total sobre sí mismo. La naturaleza *humana* será la última parte de la Naturaleza que se rinda al Hombre. Entonces se habrá ganado la batalla. Habremos «arrebatado de las manos de Cloto el hilo de la vida» y, en adelante, seremos libres para hacer que nuestra especie sea como queramos. La batalla estará ganada, pero ¿quién exactamente la habrá ganado?

Porque el poder del Hombre para hacer de sí lo que le plazca implica, como hemos visto, el poder de algunos hombres para hacer de otros lo que a *ellos* les plazca. Sin duda, en todas las épocas, la formación y la educación han intentado, en algún sentido, ejercer su poder. Pero la situación que se nos pondrá delante será novedosa en dos aspectos. En primer lugar, el poder tendrá un alcance muchísimo mayor. Hasta el presente, los planes educativos han conseguido muy poco de lo que pretendían. De hecho, cuando leemos a sus promotores —como Platón, que considera al niño como «un bastardo criado en un pupitre»; como Elyot, que habría tenido a los pequeños sin ver a otra persona hasta cumplir los siete años y, aun después de esa edad, sin ver a ninguna mujer;[1] como Locke,[2] que quería que los niños calzaran zapatos agujereados y que se les privara de poesía—, bien podemos estar agradecidos a la benéfica obstinación de las madres reales, de las niñeras reales y, por encima de todo, de los niños reales, por mantener a la raza humana en el grado de cordura que todavía posee. Pero los que van a moldear al Hombre en esta nueva era estarán armados del poder de un gobierno con competencias en todo y de una tecnología científica irresistible; tendremos al fin una raza de manipuladores que de veras podrán tallar a todas las generaciones posteriores con la forma que le plazca.

La segunda diferencia es aún más importante. En los sistemas antiguos, tanto la clase de hombres que los maestros querían producir como sus motivos para formarlos estaban prescritos por el *Tao*, una norma a la que los propios maestros se sujetaban y de la que no decían ser libres de desviarse. No moldeaban a los hombres conforme a algún patrón escogido por ellos. Transmitían lo que habían recibido: iniciaban al joven neófito en el misterio de la humanidad que cubría a pupilos y maestros por igual.

Eran pájaros adultos enseñando a volar a los polluelos. Esto cambiará. Los valores son ahora meros fenómenos naturales. Se producirán juicios de valor en el alumno como parte de la manipulación. El *Tao*, sea cual sea, será el resultado, no el motivo, de la educación. Los manipuladores se habrán librado de todo eso. Lo que han conquistado es una parte más de la Naturaleza. Las fuentes últimas de la acción humana ya no son, para ellos, algo dado. Son algo que han sometido, como a la electricidad; la función de los manipuladores es controlarlas, no obedecerlas. Saben cómo *producir* conciencia y deciden qué clase de conciencia van a producir. Ellos están aparte, por encima. Estamos adoptando el último estado de la lucha del Hombre con la Naturaleza. Se ha logrado la victoria final. La naturaleza humana ha sido conquistada (y, por supuesto, ha vencido, sea cual sea el sentido que esas palabras puedan ya tener).

Los Manipuladores, entonces, deben elegir qué clase de *Tao* artificial quieren producir, según sus buenas razones, en la raza humana. Ellos son los motivadores, los creadores de motivos. ¿Pero de dónde vendrán sus propias motivaciones?

Durante un tiempo, tal vez procedan de reminiscencias

en su mente del antiguo *Tao* «natural». De este modo, al principio puede que se vean a sí mismos como servidores y guardianes de la humanidad y se conciban con el «deber» de hacerlo «bien». Pero en ese estado solo pueden permanecer por confusión. Reconocen el concepto de deber como el resultado de determinados procesos que ahora pueden controlar. Su victoria ha consistido precisamente en salir del estado en el que estaban condicionados por dichos procesos al estado en que los emplean como herramientas. Una de las cosas que ahora tienen que decidir es si nos manipularán, o no, al resto de nosotros para que sigamos teniendo la idea antigua del deber y las viejas reacciones ante él. ¿Cómo puede el deber ayudarles a decidirlo? El deber mismo está siendo sometido a juicio, no puede ser también el juez. Y no le va mejor a la idea de hacerlo «bien». Saben muy bien cómo producir una docena de conceptos de «bien» en nosotros. La cuestión es cuál de ellos deben producir, si es que alguno. Ningún concepto de bien puede ayudarles a decidir. Es absurdo fijarse en una de las cosas que están comparando y convertirla en el modelo de comparación.

A algunos les parecerá que estoy inventando un problema artificial para mis Manipuladores. Otros críticos, más ingenuos, pueden preguntar: «¿Qué le hace suponer que serán hombres tan malvados?». Pero no estoy suponiendo que sean hombres malos. Más bien, no son en absoluto hombres, al menos en el sentido antiguo. Si lo prefieren, diré que son hombres que han sacrificado su propia parte de humanidad tradicional con el propósito de entregarse a la tarea de decidir qué va a significar de ahí en adelante «humanidad». Las palabras «bueno» o «malo» aplicadas a ellos carecen de contenido, pues de ahora en adelante el significado de esas palabras derivará de ellos. Tampoco se puede decir que su problema sea artificial. Podemos suponer que fuera posible decir: «Después de todo, la mayoría de nosotros quiere más o menos las mismas cosas: comida, bebida, relaciones sexuales, diversión, arte, ciencia y una vida lo más larga posible para los individuos y para la especie. Digámosles simplemente: "Esto es lo que nos agrada", y sigamos manipulando a los hombres de la forma que mejor lleve a ese resultado. ¿Qué problema hay?». Pero esto no es una respuesta. En primer lugar, no es verdad que a todos nos agraden las mismas cosas. Pero, aunque sí lo hicieran, ¿qué motivo impulsará a los manipuladores a desechar deleites y a vivir días laboriosos para que nosotros, y las generaciones posteriores, podamos tener lo que nos gusta? ¿Los moverá su deber? Pero eso no es más que el *Tao*, que pueden decidir imponernos, pero que no puede tener validez con ellos. Si lo aceptan, ya no serán los formadores de conciencia, sino sus sujetos, y su victoria final sobre la Naturaleza no se habría producido realmente. ¿Los moverá la conservación de la especie? ¿Y por qué habría de conservarse la especie? Una de las cuestiones que tienen delante es si este sentimiento hacia las generaciones futuras (saben bien cómo producirlo) debe proseguir o no. No importa cuán atrás vayan, o cuán abajo, no encontrarán un suelo sobre el que estar de pie. Cada motivación que traten de tomar como base se convierte a la vez en *petitio*. No es que sean hombres malvados, es que no son hombres. Al salirse del *Tao* se han adentrado en el vacío. Y no es que sus sujetos sean necesariamente hombres infelices, es que no son hombres: son artefactos. La conquista final del Hombre ha demostrado ser la abolición del Hombre.

Pero los Manipuladores reaccionarán. Donde acabo de decir que les fallan todas las motivaciones, debería haber dicho que todas menos una. Todos los motivos que reivindican tener alguna validez distinta a la del peso emocional experimentado en un momento dado les han fallado.

Se ha justificado todo menos el *sic volo, sic iubeo*. Pero lo que nunca se arrogó objetividad no se puede destruir con subjetivismo. El impulso de rascarme cuando siento picor o de desmontar algo cuando quiero investigarlo es inmune al disolvente que puede deshacer mi justicia, mi honor o mi preocupación por las generaciones futuras. Cuando todo lo que dice «esto es bueno» ha quedado desprestigiado, sigue vigente aquello que dice «Yo quiero». No se puede reventar ni investigar, porque nunca tuvo pretensión alguna. Los Manipuladores, por tanto, llegan a motivarse únicamente con su propio placer. No estoy hablando aquí de la influencia corruptora del poder ni expresando el temor de que los Manipuladores degeneren por él. Los términos «corrupto» y «degenerado» mismos implican una doctrina de valores, de modo que no significan nada en este contexto. Mi argumento es que quienes se mantienen fuera de todos los juicios de valor no pueden tener ninguna base para preferir uno de sus propios impulsos en lugar de otro, salvo la base de la fuerza emocional de ese impulso.

Podemos esperar legítimamente que, entre los impulsos que surgen en mentes despojadas de todos los motivos «racionales» o «espirituales», alguno habrá que sea bondadoso. Personalmente, dudo mucho que los impulsos bondadosos, arrancados de esa preferencia y estímulo que el *Tao* nos enseña a darles y entregados a su mera fuerza natural y a su frecuencia como hechos psicológicos, vayan a tener mucha influencia. Tampoco veo muy probable que la historia nos muestre un solo ejemplo de un hombre que, habiendo salido fuera de la moralidad tradicional y habiendo alcanzado el poder, haya usado ese poder de forma benevolente. Me inclino a pensar que los Manipuladores aborrecerán a los manipulados. Aun considerando como una ilusión la conciencia artificial que producen en nosotros sus súbditos, percibirán, sin embargo, que crea en nosotros una ilusión de significado para nuestras vidas que las hace comparativamente preferibles a las de ellos, y nos envidiarán como los eunucos envidian a los otros varones. Pero no voy a insistir en esto, que es mera conjetura. Lo que no es conjetura es que nuestra esperanza de una felicidad, incluso «manipulada», descansa en lo que normalmente se conoce como «posibilidad», la posibilidad de que los impulsos bondadosos tal vez predominen en nuestros Manipuladores. Porque sin el juicio de valor «La bondad es buena» (es decir, sin volver a entrar en el *Tao*) no pueden encontrar un fundamento para fomentar o estabilizar esos impulsos en lugar de otros. Siguiendo la lógica de su postura, deben tomar sus impulsos tal como vienen, partiendo de la posibilidad. Y aquí Posibilidad significa Naturaleza. Los motivos de los Manipuladores brotarán de la herencia, la digestión, el clima y las asociaciones de ideas. Su extremo racionalismo, gracias a que «ven a través» de todas las motivaciones «racionales», los deja como criaturas de conducta totalmente irracional. Si uno no quiere obedecer el *Tao*, o bien comete suicidio o el único camino que le queda es la obediencia al impulso (y, por tanto, a la larga, la obediencia a la mera «naturaleza»).

Así pues, en el momento de la victoria del Hombre sobre la Naturaleza encontramos a la raza humana al completo sujeta a algunos individuos, y a estos sometidos a lo que en ellos hay de puramente «natural»: a sus impulsos irracionales. La Naturaleza, sin la traba de los valores, rige a los Manipuladores y, a través de ellos, a toda la humanidad. La conquista de la Naturaleza por parte del Hombre resulta ser, en el momento de su consumación, la conquista del Hombre por parte de la Naturaleza. Todas las victorias que parecíamos conseguir nos han llevado, paso a paso, a esta conclusión. Todas las aparentes derrotas de la Naturaleza no han sido más que retiradas estratégicas. Creímos estar golpeándola en la retaguardia cuando en realidad ella nos estaba atrayendo con su señuelo. Lo que a nosotros nos parecían manos alzadas en señal de rendición eran realmente brazos abriéndose para atraparnos para siempre. Si el mundo completamente planificado y manipulado (cuyo *Tao* es un mero producto de la planificación) llegara a existir, la Naturaleza ya no tendría que preocuparse por la terca especie que se alzaba en revueltas contra ella desde hace tantos años, dejaría de sentir la molestia de su parloteo sobre la verdad y la misericordia y la belleza y la felicidad. *Ferum victorem cepit*: y si la eugenesia es suficientemente eficaz no habrá una segunda revuelta, sino un acomodo bajo los Manipuladores, y los Manipuladores bajo la Naturaleza, hasta que se precipite la luna o se enfríe el sol.

Para algunos, mi tesis quedará más clara expresada de otra manera. Naturaleza es una palabra de significados variables, que se puede entender mejor si consideramos sus distintos antónimos. Lo natural es lo contrario de lo artificial, lo civil, lo humano, lo espiritual y lo sobrenatural. Lo artificial no entra ahora en lo que nos interesa. Si tomamos el resto de la lista de opuestos, sin embargo, creo que podemos hacernos una idea básica de lo que los hombres han querido significar con Naturaleza y qué es lo opuesto a ella. Naturaleza parece ser lo espacial y temporal, frente a lo que no es espacial y temporal en la misma medida, o en ninguna medida. Al parecer, es el mundo de la cantidad, en contraste con el mundo de la cualidad; de los objetos, en contraste con la consciencia; de lo sujeto, en contraste con lo total o parcialmente autónomo; de lo que no conoce valores, en contraste con lo que posee y percibe el valor de las causas eficientes (o, en algunos sistemas modernos, de ninguna causalidad en absoluto) en contraste con las causas finales. Consideraré ahora la idea de que, cuando entendemos una cosa analíticamente y, en consecuencia, la dominamos y usamos para nuestra propia conveniencia, la reducimos al nivel de «Naturaleza», en el sentido de que suspendemos nuestros juicios de valor acerca de ella, ignoramos su causa final (si la tiene) y la tratamos en términos de cantidad. Esta represión de los elementos en lo que de otro modo sería nuestra reacción plena a ella es, en ocasiones, palpable e incluso dolorosa: hay que vencer algo antes de proceder a diseccionar a un hombre muerto o un animal vivo en una sala de disección. Estos objetos se *resisten* al movimiento de la mente por medio del cual se les empuja al mundo de la mera Naturaleza. Pero también en otras instancias se logra un precio similar por medio de nuestro conocimiento analítico y poder manipulativo, aun si hemos dejado de tenerlo en cuenta. No contemplamos los árboles ni como Dríadas ni como objetos hermosos cuando los convertimos en tablones: el primer hombre que taló uno puede que haya sentido intensamente el precio, y los árboles sangrantes de Virgilio y Spenser tal vez sean ecos lejanos de ese primigenio sentido de impiedad. Las estrellas perdieron su divinidad en el desarrollo de la astronomía, y el dios que muere y revive con las estaciones no tiene sitio en la agricultura química. Sin duda, muchos verán este proceso simplemente como el descubrimiento gradual de que el mundo real es diferente de lo que esperábamos, y la antigua oposición a Galileo o a los que desenterraban cuerpos no es más que oscurantismo. Pero esta no es la historia completa. No es el más grande de los científicos modernos el que se siente más seguro de que el objeto, una vez arrancadas sus propiedades cualitativas y reducido a mera cantidad, es completamente real. Los científicos pequeños, y los pequeños seguidores acientíficos de la ciencia, pueden pensar así. Las grandes mentes saben muy bien que el objeto, tratado de esta manera, es una abstracción artificial, que se ha perdido algo de su realidad.

Desde este punto de vista, la conquista de la Naturaleza se presenta en una nueva luz. Reducimos las cosas a mera Naturaleza *de manera que* podamos «conquistarlas». Siempre estamos conquistando la Naturaleza *porque* «Naturaleza» es el nombre con el que nombramos lo que de algún modo hemos conquistado. El precio de la conquista es tratar una cosa como mera Naturaleza. Cada conquista sobre la Naturaleza incrementa su dominio. Las estrellas no se convierten en Naturaleza hasta que podemos pesarlas y medirlas; el alma no llega a ser Naturaleza hasta que podemos psicoanalizarla. Arrancar poderes *de* la Naturaleza es también rendirle las cosas *a* ella. En la medida en que este proceso se detiene antes de la fase final, bien podemos sostener que la ganancia supera a la pérdida. Pero en cuanto damos el paso final de reducir nuestra propia especie al nivel de mera Naturaleza, queda frustrado el proceso completo, porque esta vez la entidad que se aspira a obtener y la que ha sido sacrificada son una y la misma. Esa es una de las muchas instancias en las que llevar un principio a lo que parece su conclusión lógica produce el absurdo. Es como el famoso irlandés que descubrió que un determinado tipo de estufa reducía su factura de combustible a la mitad y llegó a la conclusión de que dos estufas de la misma clase le permitirían calentar su casa sin necesidad de gastar fuel. Es la ganga del mago: entregamos nuestra alma a cambio de poder. Pero, una vez entregadas nuestras almas (es decir, nosotros mismos), el poder así conferido no nos pertenecerá a nosotros. De hecho, seremos esclavos y títeres de aquello a lo que hemos entregado nuestras almas. Está en el poder del Hombre tratarse a sí mismo como mero «objeto natural» y a sus propios juicios de valor como materia prima para la manipulación científica alterable a voluntad. La objeción a este proceder no radica en el hecho de que este punto de vista (como el primer día de uno en la sala de disección) es doloroso y repulsivo hasta que nos acostumbramos a ello. El dolor y la repulsión son más que nada alarma y síntoma. La objeción real es que, si el Hombre elige tratarse a sí mismo como materia prima, eso es lo que será; no materia prima que él mismo vaya a manipular, como ingenuamente imaginaba, sino que la manipulará la mera apetencia, es decir, la mera Naturaleza, en la persona de sus deshumanizados Manipuladores.

A semejanza del rey Lear, hemos estado tratando de disponer de las dos opciones: entregar nuestras prerrogativas humanas y al mismo tiempo retenerlas. Eso es imposible. O bien somos espíritu racional obligado por siempre a obedecer los valores absolutos del *Tao*, o bien somos mera naturaleza a la que amasar y dar forma de nuevas maneras para disfrute de los señores que, por hipótesis, no deben tener otros motivos que sus impulsos «naturales». Solo el *Tao* proporciona una ley de acción humana común que puede abarcar a los que gobiernan y a los gobernados por igual. Se necesita una creencia dogmática en el valor objetivo para la idea misma de un gobierno que no sea tiranía o una obediencia que no sea esclavitud.

Aquí no estoy pensado únicamente, quizá ni siquiera principalmente, en aquellos que son nuestros enemigos públicos en el momento. El proceso que, si no se somete a revisión, abolirá al Hombre se extiende a paso rápido tanto entre comunistas y demócratas como entre fascistas. Los métodos tal vez difieran (al principio) en brutalidad, pero muchos científicos de mirada apacible tras sus quevedos, muchos actores populares, muchos filósofos aficionados entre nosotros dan a entender, mirando a largo plazo, la misma perspectiva. Hay que «desprestigiar» los valores tradicionales y cortar la humanidad con nuevos troqueles hechos a voluntad (que ha de ser, siguiendo la hipótesis, una voluntad arbitraria) de unas pocas personas afortunadas de una generación afortunada que ha aprendido cómo hacerlo. La creencia en que podemos inventar «ideologías» a placer, y el tratamiento de la humanidad como mera ὕλη, como especímenes, como mejunjes, comienza a afectar a nuestro lenguaje. En otro tiempo matábamos a los hombres malvados: ahora eliminamos a los elementos antisociales. La virtud ha pasado a ser *integración* y la diligencia, *dinamismo*, y los muchachos que parecen dignos de que se les encarguen responsabilidades son «potenciales funcionarios». Lo más asombroso: quienes poseen las virtudes de la prudencia y la templanza, e incluso de la inteligencia normal, son *clientes difíciles*.

La verdadera importancia de lo que está sucediendo se ha ocultado con el uso de la abstracción «Hombre». No es que esa palabra sea necesariamente pura abstracción. En el *Tao* mismo, en la medida en que permanecemos dentro de él, encontramos que la realidad concreta en la que participamos es la de ser verdaderamente humano: la verdadera voluntad común y razón común de la humanidad, viva y creciendo como un árbol, diversificándose, conforme varía la situación, en nuevas expresiones de lo bello y aplicaciones de lo digno. Mientras hablemos desde dentro del *Tao*, podemos hablar del Hombre como poseedor del poder sobre sí mismo en un sentido verdaderamente análogo al dominio propio de un individuo. Pero, en el momento en que nos salimos de él y observamos el *Tao* como un mero producto subjetivo, esta posibilidad ha desaparecido. Lo que ahora es común a todos los hombres es un mero abstracto universal, un máximo común divisor, y la conquista de sí mismo por parte del Hombre implica simplemente el gobierno de los Condicionados sobre el material humano condicionado, el mundo de posthumanidad que, algunos sabiéndolo y otros sin saberlo, casi todos los hombres de todas las naciones están en el presente contribuyendo a llevar a cabo.

Nada de lo que yo pueda decir evitará que algunas personas describan esta conferencia como un ataque a la ciencia. Yo rechazo esa acusación, por supuesto; y los verdaderos Filósofos Naturales (hay algunos vivos aún) percibirán que al defender el valor defiendo *inter alia* el valor del conocimiento, que debe morir como cualquier otro cuando le talen sus raíces en el *Tao*. Pero puedo ir más allá. Puedo sugerir que la cura podría venir de la misma Ciencia.

He descrito como la «ganga del mago» este proceso por medio del cual el Hombre rinde objeto tras objeto, y por último a sí mismo, a la Naturaleza, esperando poder a cambio. Y sabía lo que decía. El hecho de que los científicos hayan tenido éxito donde el mago fracasó ha puesto un contraste tan grande entre ellos en el pensamiento popular que se ha malinterpretado la verdadera historia del nacimiento de la Ciencia. Uno puede encontrar incluso personas que escriben sobre el siglo XVI como si la Magia fuera reminiscencia medieval y la Ciencia fuese el elemento novedoso que llegó para quitar de en medio lo mágico. Los que han estudiado el periodo tienen mejor información. Había muy poca magia en la Edad Media: los siglos XVI y XVII representan el punto álgido de lo mágico. El verdadero esfuerzo mágico y el verdadero esfuerzo científico son gemelos: uno estaba enfermo y murió, el otro era sano y prosperó. Pero eran hermanos gemelos. Nacieron del mismo impulso. Admito que algunos (desde luego, no todos) de los primeros científicos surgieron gracias al puro amor al conocimiento. Pero, si consideramos el carácter de aquella época en su totalidad, podemos discernir el impulso a que me refiero.

Hay algo que une a la magia y la ciencia aplicada, a la vez que separa a ambas de la «sabiduría» de las épocas anteriores. Para el sabio de tiempos antiguos, el problema cardinal había sido cómo conformar el alma a la realidad, y la solución había sido el conocimiento, la disciplina personal y la virtud. Para la magia y para la ciencia aplicada, el problema era cómo someter la realidad a los deseos de los hombres: la solución es una técnica; y ambas, en la práctica de dicha técnica, están listas para hacer cosas que hasta entonces se consideraban impías y desagradables, como desenterrar y mutilar a los muertos.

Si comparamos al pregonero principal de la nueva era (Bacon) con el Fausto de Marlowe, la semejanza resulta asombrosa. Uno puede leer en algunos comentaristas que Fausto tiene sed de conocimiento. En realidad, apenas lo menciona. No es cierto que quiera de los demonios otra cosa que oro, armas y jovencitas. «Todo lo que se mueve entre los quietos polos se someterá a su mandato» y «un buen mago es un poderoso dios».[3] En ese mismo espíritu, Bacon condena a quienes valoran el conocimiento como un fin en sí mismo; esto, para él, es lo mismo que usar como una señorita que proporcione el placer a quien debe ser una esposa que proporcione fruto.[4] El verdadero objetivo es extender el poder del Hombre a la realización de todas las cosas posibles. Él rechaza lo mágico porque no funciona;[5] pero su propósito es el del mago. En Paracelso se combinan los personajes del mago y el científico. Sin duda, quienes fundaron la ciencia moderna fueron por lo general aquellos cuyo amor a la verdad superaba a su amor al poder; en cada movimiento de combinación, la eficacia procede de los elementos buenos, no de los malos. Pero la presencia de los elementos malos no es irrelevante para la dirección que emprende la eficacia. Puede llegar incluso a decir que el movimiento científico moderno está viciado desde su nacimiento; pero creo que sería acertado afirmar que nació en un barrio inhóspito y en un hogar nada acogedor. Sus triunfos tal vez hayan sido demasiado rápidos y puede que haya pagado un precio demasiado alto: probablemente necesita una reconsideración de las cosas y algo así como un arrepentimiento.

¿Es, pues, posible imaginar una nueva Filosofía Natural, siempre consciente de que el «objeto natural» producido por el análisis y la abstracción no es la realidad, sino solo una perspectiva, y siempre dispuesta a corregir

la abstracción? No sé bien qué estoy pidiendo. He oído
rumores de que la manera que Goethe tiene de abordar
la naturaleza merece una mayor consideración, de que
incluso el doctor Steiner puede haber visto algo que los
investigadores ortodoxos han pasado por alto. La ciencia
regenerada en que estoy pensando no haría ni a los mine-
rales o las plantas lo que la ciencia moderna amenaza con
hacer al hombre. Al explicarlos no los reduciría. Al hablar
de las partes recordaría el todo. Aun estudiando el *Eso* no
perdería lo que Martin Buber llama la situación del *Tú*. La
analogía entre el *Tao* del Hombre y los instintos de una
especie animal significan para ella nueva luz sobre eso que
no se conoce, el Instinto, por medio de la realidad conocida desde dentro, la conciencia, y no una reducción de
la conciencia a la categoría de Instinto. Sus seguidores no
se sentirían libres con los adverbios «solo» y «meramente».
En pocas palabras, la ciencia conquistaría la Naturaleza
sin tener que pagar un precio tan alto como la vida.

Quizás estoy pidiendo imposibles. Quizás, dada la naturaleza de las cosas, la comprensión analítica deba ser
siempre un basilisco que mate todo lo que ve y solo vea
matando. Pero si los propios científicos no pueden dete-
ner este proceso antes de que llegue hasta la Razón común

y también la asesine, alguien ha de haber que lo detenga. Lo que más temo es la réplica de que solo soy «un oscurantista más», de que esta barrera, como otros obstáculos levantados antes contra el avance de la ciencia, se puede superar sin peligro. Semejante réplica mana del fatídico concepto serial de la imaginación moderna: la imagen, que tanto acecha nuestra mente, de una progresión unilineal infinita. Como estamos tan habituados a trabajar con números, tendemos a concebir todos los procesos como si fueran semejantes a series numerales en las que cada paso, hasta la eternidad, es de la misma clase que el paso anterior. Les ruego que se acuerden del irlandés y sus dos estufas. Hay progresiones en las que el último paso es *sui generis* —no se puede medir mediante comparación con los otros— y en las que recorrer el camino completo es deshacer todo el trabajo del trayecto previo. Reducir el *Tao* a un mero producto natural es uno de esos pasos. En este punto, el tipo de explicación reduccionista puede darnos algo, aunque a un precio muy alto. Pero no se puede andar «reduciendo» para siempre: se llega al punto en que uno ha reducido a la propia explicación reduccionista. Uno no puede estar siempre «mirando a través» de las cosas para siempre. El propósito de mirar a través de algo es que se vea algo al otro lado. Está bien que el cristal de la ventana deba ser transparente, porque la calle o el jardín que se ve desde ella es opaco. ¿Qué pasaría si viéramos también a través del jardín? No tiene sentido tratar de «ver a través» de los principios primordiales. Si uno ve a través de todas las cosas, todo es transparente. Pero un mundo totalmente transparente es un mundo invisible. «Ver a través» de todas las cosas es lo mismo que no ver.

APÉNDICE

ILUSTRACIONES DEL *TAO*

Las siguientes ilustraciones de la Ley Natural han sido recopiladas de fuentes que han ido llegando a la mano de alguien que no es historiador profesional. La lista no tiene pretensiones de exhaustividad. Cabe señalar que autores como Locke y Hooker, que escribieron en la tradición cristiana, los he mencionado junto con citas del Nuevo Testamento. Desde luego, esto sería absurdo si yo estuviera tratando de recopilar testimonios independientes para el Tao. Pero (1) no pretendo demostrar su validez mediante el argumento del consenso general. No es posible deducir su validez. Quienes no perciben su racionalidad no lo considerarían demostrado ni con un consenso universal. (2) La idea de recopilar testimonios *independientes* presupone que las «civilizaciones» han surgido en el mundo de manera independiente unas de otras; o incluso que la humanidad ha tenido varias instancias independientes de aparición en este planeta.

La biología y la antropología implicadas en semejante supuesto son altamente dudosas. No es en absoluto cierto que siempre haya habido (en el necesario sentido de la palabra) más de una civilización en toda la historia. Se puede, como mínimo, alegar que toda civilización que encontremos procede de otra y, en último término, de un origen único, «transmitida» como una enfermedad infecciosa o como la sucesión apostólica.

1. La ley de benevolencia general

(A) EXPRESADA EN NEGATIVO

«No he matado» (Tradición egipcia antigua. De la Confesión del Alma Justa, «Libro de los Muertos», *Encyclopedia of Religion and Ethics* [en adelante, *ERE*], vol. v, p. 478)

«No matarás» (Judía antigua. Éxodo 20.13)*

«No aterrorices a los hombres o Dios te aterrorizará a ti» (Egipcia antigua. Instrucciones de Ptahhotep. H. R. Hall, *Ancient History of the Near East*, p. 133n)

«En el Nástrond (= Infierno) vi [...] asesinos» (Nórdica. *Volospá* 38, 39)

«No he traído miseria a mis semejantes. No he hecho que sea más arduo el inicio de cada jornada para los ojos de los

---

* Las citas bíblicas en este libro están tomadas de la versión Reina-Valera, revisión de 1960.

que trabajan para mí» (Egipcia antigua. Confesión del Alma Justa *ERE*, v 478)

«No he sido avaro» (Egipcia antigua. Ibid.)

«Quien se plantea oprimir, ve la ruina de su morada» (Babilónica. *Himno a Samas. ERE*, v. 445)

«El cruel y calumniador tiene el carácter de un gato» (Hindú. Leyes de Manu. Janet, *Histoire de la Science Politique*, vol. I, p. 6)

«No calumniarás» (Babilonia. *Himno a Samas. ERE*, v. 445)

«No hablarás contra tu prójimo falso testimonio» (Judía antigua. Éxodo 20.16)

«No pronuncies una palabra con la que se pueda herir a alguien» (Hindú. Janet, p. 7)

«Ha [...] apartado a un hombre honesto de su familia? ¿Ha roto un clan que estaba bien unido?» (Babilónica. Lista de los Pecados, de tablillas de conjuros. *ERE*, v. 446)

«No he causado hambre. No he causado llanto» (Egipcia antigua. *ERE*, v. 478)

«Nunca hagas con los demás lo que no quieras que hagan contigo» (China antigua. *Analectas* de Confucio, trad. ing. de A. Waley, xv. 23; *cf.* xii. 2)[*]

---

[*] En español pueden consultarse numerosas traducciones, como la de A. Colodrón: Confucio, *Analectas* (Madrid: EDAF, 1998)

«No aborrecerás a tu hermano en tu corazón» (Judía antigua. Levítico 19.17)

«Aquel cuyo corazón está, incluso en su grado más mínimo, orientado hacia la bondad no desagradará a nadie» (China antigua. *Analectas*, IV. 4)

(B) EXPRESADA EN POSITIVO

«La naturaleza mueve a que un hombre desee que exista sociedad humana y que él pueda entrar en ella» (Romana. Cicerón, *De Officiis*, 1. IV)

«Por la fundamental Ley de la Naturaleza, el Hombre ha de ser preservado en la medida de lo posible» (Locke, *Dos tratados sobre el gobierno civil*, II. 3)

«Cuando la población ha aumentado mucho, ¿qué debe hacerse? El Maestro dijo: Enriquecerla. Ran Qiu dijo: Y una vez enriquecida, ¿qué es lo siguiente que se puede hacer por ella? El Maestro dijo: Darle educación» (China antigua. *Analectas*, XIII. 9)

«Habla con gentileza […] muestra buena voluntad» (Babilónica. *Himno a Samas. ERE*, V. 445)

«Los hombres vinieron a la existencia por el deseo de los propios hombres de hacerse el bien el uno al otro» (Romana. Cicerón. *De Off.* I. VII)

«El hombre es deleite del hombre» (Nórdica. *Hávamál* 47)

«Aquel a quien le piden limosna debería siempre darla» (Hindú. Janet, I. 7)

«¿Qué hombre de bien considera cualquier desgracia como algo que no le concierne?» (Romana. Juvenal xv. 140)

«Soy un hombre: nada humano me es ajeno» (Romana. Terencio, *Heaut. Tim.*)

«Amarás a tu prójimo como a ti mismo» (Judía antigua. Levítico 19.18)

«Al extranjero [...] lo amarás como a ti mismo» (Judía antigua. Ibid. 33, 34)

«Así que, todas las cosas que queráis que los hombres hagan con vosotros, así también haced vosotros con ellos» (Cristiana. Mateo 7.12)

2. La ley de benevolencia especial

«El caballero trabaja sobre lo esencial. Cuando lo esencial está firmemente establecido, crece el Camino. Y no hay duda de que una conducta adecuada con los padres y los hermanos mayores es lo esencial de la bondad» (China antigua. *Analectas*, I. 2)

«Los hermanos se pelearán y se traerán ruina entre sí» (Nórdica. Relato de la Era Maligna antes del fin del mundo, *Volospá* 45)

«¿Ha insultado a su hermana mayor?» (Babilónica. Lista de los Pecados. *ERE*, v. 446)

«Los verás cuidar de sus parientes y de los hijos de sus amigos [...] sin rechazarlos lo más mínimo» (Piel roja. Le Jeune, citado en *ERE*, v. 437)

«Aplícate en amar a tu esposa. Alegra su corazón toda su vida» (Egipcia antigua. *ERE*, v. 481)

«Nada puede cambiar los deseos de bondad de un hombre de recto pensamiento» (Anglosajona. *Beowulf*, 2600)

«¿Acaso no amó Sócrates a sus hijos, aunque lo hizo como hombre libre y sin olvidar que los dioses tienen la primera palabra en nuestra amistad?» (Griega, Epicteto, III. 24)

«El afecto natural es algo justo y conforme a la Naturaleza» (Griega. Ibid. 1. XI)

«No debo ser insensible como una estatua, debo desarrollar mis relaciones naturales y artificiales como devoto, como hijo, como hermano, como padre y como ciudadano» (Griega. Ibid. III. II)

«Este consejo te doy: sé intachable con tus parientes. No te vengues ni aunque te hagan mal» (Nórdica. *Sigdrifumál*, 22)

«¿Acaso son los hijos de Atreus los únicos que aman a sus

esposas? Todo hombre de bien, de mente recta, ama y aprecia a los suyos» (Griega. Homero, *La Ilíada*, ix. 340)

«La unión y el compañerismo entre los hombres durará más si manifestamos a cada uno mayor bondad cuanto más cercano nos sea» (Romana. Cicerón. *De Off.* i. xvi)

«Una parte de nosotros la reclama nuestro país, otra nuestros padres, otra nuestros amigos» (Romana. Ibid. i. vii)

«Si un gobernante [...] alcanzara la salvación de todo el reino, sin duda lo llamarían Bueno, ¿no es así? El Maestro dijo: No sería ya una cuestión de ser «Bueno». Sería sin duda un «Sabio Divino» (China antigua. *Analectas*, vi. 28 [vi. 30 en algunas versiones; N. de T.])

«¿Acaso no eres consciente de que, a los ojos de los dioses y de los hombres buenos, tu tierra natal merece que le rindas aún más honor, devoción y reverencia que a tus padres y a todos tus antepasados? ¿Que deberías dar una respuesta más suave a su enojo que al enojo de un padre? ¿Que si no puedes convencerla para que cambie de opinión debes obedecerla sin alterarte, ya sea que te obligue a algo, te azote o te envíe a una guerra en la que podrías acabar herido o muerto?» (Griega. Platón, *Crito*, 51, a, b)

«Si alguno no provee para los suyos, y mayormente para los

de su casa, ha negado la fe, y es peor que un incrédulo»
(Cristiana. 1 Timoteo 5.8)

«Recuérdales que se sujeten a los gobernantes y autoridades»;
«Exhorto ante todo, a que se hagan rogativas, oraciones,
peticiones y acciones de gracias, por todos los hombres;
por los reyes y por todos los que están en eminencia»
(Cristiana. Tito 3.1 y 1 Timoteo 2.1, 2)

3. Deberes con los padres, ancianos y antepasados

«Tu padre es imagen del Señor de la Creación, tu madre es
imagen de la Tierra. Para quien no los honra, ninguna
obra de piedad sirve para nada. Este es el primer deber»
(Hindú. Janet, i. 9)

«Ha menospreciado a su padre y a su madre?» (Babilónica.
Lista de los Pecados. *ERE*, v. 446)

«Yo era un empleado al lado de mi padre […] salía y entra-
ba según me mandara» (Egipcia antigua. Confesión del
Alma Justa. *ERE*, v. 481)

«Honra a tu padre y a tu madre» (Judía antigua. Éxodo
20.12)

«Debes cuidar de tus padres» (Griega. Lista de deberes en
Epicteto, iii. vii)

«Los niños, los ancianos, los pobres y los enfermos deberían

ser considerados los señores de la atmósfera» (Hindú.
Janet, I. 8)

«Delante de las canas te levantarás, y honrarás el rostro del
anciano» (Judía antigua. Levítico 19.32)

«Atendí al anciano, le cedí mi bastón» (Egipcia antigua.
ERE, v. 481)

«Los verás cuidar [...] de los ancianos» (Piel roja. Le Jeune,
citado en *ERE*, v. 437)

«No he quitado las oblaciones de los benditos difuntos»
(Egipcia antigua. Confesión del Alma Justa. *ERE*, v.
478)

«Cuando se muestra el respeto adecuado hacia el difunto en
su final y se continúa después de su despedida, la fuerza
moral (tê) de un pueblo ha alcanzado su punto álgido»
(China antigua. *Analectas*, I. 9)

4. Deberes hacia los hijos y la descendencia

«Los niños, los ancianos, los pobres [...] deberían ser considerados los señores de la atmósfera» (Hindú. Janet, I. 8)

«Casarse y engendrar hijos» (Griega. Lista de deberes. Epicteto, III. VII)

«¿Pueden imaginarse una comunidad de naciones epicúreas?
[...] ¿Qué sucedería? ¿Cómo se sustentaría la población?

¿Quién impartiría la enseñanza? ¿Quién sería tutor de los muchachos? [...] ¿Quién dirigiría la instrucción física? ¿Qué se enseñaría?» (Griega. Ibid.)

«La Naturaleza produce un amor especial por nuestros vástagos» y «Vivir conforme a la Naturaleza es el bien supremo» (Romana. Cicerón, *De Off.* I. IV, y *De Legibus*, I. XXI)

«El segundo de estos logros no es menos glorioso que el primero; pues, mientras que el primero hizo el bien en una ocasión, el segundo seguirá aportando beneficio al estado para siempre» (Romana. Cicerón. *De Off.* I. XXII)

«Un niño merece gran reverencia» (Romana. Juvenal, XIV. 47)

«El Maestro dijo: Respeten a los jóvenes» (China antigua. *Analectas*, IX. 22)

«La matanza de las mujeres, y muy especialmente de los muchachos y muchachas que habían de constituir la fortaleza del pueblo, es la parte más triste [...] y la lamentamos con gran dolor» (Piel roja. Relato de la Batalla de Wounded Knee. *ERE*, v. 432)

5. La ley de la justicia

(A) JUSTICIA SEXUAL

«¿Se ha acercado a la esposa de su prójimo?» (Babilónica. Lista de los Pecados. *ERE*, v. 446)

«No cometerás adulterio» (Judía antigua. Éxodo 20.14)

«Vi en el Nástrond (= Infierno) [...] a seductores de esposas ajenas» (Nórdica. *Volospá* 38, 39)

(B) HONESTIDAD

«¿Ha trazado lindes falsas?» (Babilónica. Lista de los Pecados. *ERE*, v. 446)

«Perjudicar, robar, provocar un robo» (Babilónica. Ibid.)

«No he robado» (Egipcia antigua. Confesión del Alma Justa. *ERE*, v. 478)

«No hurtarás» (Judía antigua. Éxodo 20.15)

«Elige la pérdida antes que las ganancias vergonzosas» (Griega. Quilón, Fr. 10. Diels)

«Justicia es la intención permanente y firme de hacer valer los derechos de todo hombre» (Romana. Justiniano, *Instituciones*, 1. 1)

«Si un nativo hacía un «descubrimiento» de cualquier tipo, como el descubrimiento de un árbol con miel, y lo marcaba, quedaba reservado para él, y todos los de su tribu respetaban eso, sin importar el tiempo que hubiera pasado» (Aborígenes australianos. *ERE*, v. 441)

«La primera obligación de la justicia es no hacer mal a nadie, a menos que se nos provoque con una conducta ofensiva. Y la segunda, tratar los bienes comunes como bienes comunes y la propiedad privada como propiedad privada. Pero no existe la propiedad privada por naturaleza, sino cosas que se han convertido en privadas ya sea por ocupación anterior (como cuando los antepasados se adueñaron de territorio despoblado) o por conquista, por ley, por acuerdo, por estipulaciones o suertes» (Romana. Cicerón, *De Off.* I. VII)

(C) JUSTICIA EN LOS TRIBUNALES

«Quien no acepta soborno [...] bien complace a Samas» (Babilónica. *ERE*, v. 445)

«No he difamado al esclavo ante aquel que está sobre él» (Egipcia antigua. Confesión del Alma Justa. *ERE*, v. 478)

«No hablarás contra tu prójimo falso testimonio» (Judía antigua. Éxodo 20.16)

«Ten por el que conoces la misma consideración que por el que no conoces» (Egipcia antigua. *ERE*, v. 482)

«No harás injusticia en el juicio, ni favoreciendo al pobre ni complaciendo al grande» (Judía antigua. Levítico 19.15)

6. La ley de la buena fe y la veracidad

«Un sacrificio queda manchado con la mentira, como una limosna se mancha con el fraude» (Hindú. Janet, I. 6)

«Aquel cuya lengua está llena de mentira, que no encuentre
en ti avales: abrasa lo que salga de su boca» (Babilónica.
Himno a Samas. ERE, v. 445)

«¿Estaba repleto de Sí en su boca, teniendo el corazón lleno
de No?» (Babilónica. *ERE*, v. 446)

«No he dicho falso testimonio» (Egipcia antigua. Confesión
del Alma Justa. *ERE*, v. 478)

«No procuré el engaño ni pronuncié juramentos en falso»
(Anglosajona. *Beowulf*, 2738)

«El Maestro dijo: Tengan una buena fe inquebrantable»
(China antigua. *Analectas*, VIII. 13)

«En Nástrond (= el Infierno) vi a los perjuros» (Nórdica. *Volospá* 39)

«Tan odioso como las puertas del Hades me resulta el hombre que dice una cosa y esconde otra en su corazón»
(Griega. Homero. *Ilíada*, IX. 312)

«El fundamento de la justicia es la buena fe» (Romana. Cicerón, *De Off.* I. VII)

«[El caballero] debe aprender a ser fiel a sus superiores y
a mantener sus promesas» (China antigua. *Analectas*,
I. 8)

«Cualquier cosa es mejor que la traición» (Nórdica. *Hávamál*, 124)

7. La ley de la misericordia

«Los pobres y los enfermos deberían ser considerados los señores de la atmósfera» (Hindú. Janet, 1. 8)

«Quien intercede por el débil complace en ello a Samas» (Babilónica. *ERE*, v. 445)

«¿No ha liberado a ningún prisionero?» (Babilónica. Lista de los Pecados. *ERE*, v. 446)

«He dado pan al hambriento, agua al sediento, ropa al desnudo, una barca al que no la tenía» (Egipcia antigua. *ERE*, v. 446)

«No se debe golpear a una mujer; ni siquiera con una flor» (Hindú. Janet, 1. 8)

«Ahí caíste, Thor, en desgracia, cuando golpeaste a las mujeres» (Nórdica. *Hárbarthsljóth* 38)

«En la tribu dalebura, una mujer, lisiada de nacimiento, era por turnos trasladada de un lado a otro por los de su tribu, hasta el día de su muerte o hasta cumplir los sesenta y seis años [...]. Ellos nunca abandonaban al enfermo» (Aborígenes australianos. *ERE*, v. 443)

«Verás como cuidan de [...] viudas, huérfanos y ancianos, sin rechazarlos lo más mínimo» (Piel roja. *ERE*, v. 439)

«La naturaleza da fe de haber entregado a la raza humana los corazones más tiernos, al concederles el don de

llorar. Esto es lo mejor de nosotros» (Romana. Juvenal,
xv. 131)

«Dijeron que había sido el más benigno y amable de los reyes
del mundo» (Anglosajona. Elogio del héroe en *Beowulf*,
3180)

«Cuando siegues tu mies en tu campo, y olvides alguna ga-
villa en el campo, no volverás para recogerla; será para
el extranjero, para el huérfano y para la viuda» (Judía
antigua. Deuteronomio 24.19)

8. La ley de la magnanimidad

(A)

«Hay dos géneros de injusticia: el primero es el de los que
hacen la injuria, el segundo se encuentra en los que no
protegen a otro de la injuria cuando podrían hacerlo»
(Romana. Cicerón, *De Off.* I. VII)

«Los hombres siempre han sabido que cuando se les causa
daño y se usa la fuerza en su contra pueden defenderse;
han sabido que no hay que soportar a quien procura su
propio bienestar a costa del sufrimiento infligido a otros,
sino que hay que combatirlo con todos los hombres y
por todos los medios» (Inglesa. Hooker, *Laws of Eccl.
Polity*, I. IX. 4)

«Pasar por alto un ataque violento es fortalecer el corazón del enemigo. La firmeza es valiente, la cobardía es vil» (Egipcia antigua. Faraón Senusert III, citado por H. R. Hall, *Ancient History of the Near East*, p. 161)

«Llegaron a los campos del gozo, a los amenos vergeles de los Bosques Afortunados y a las moradas de los Dichosos [...]. Allí están los que fueron heridos luchando por su patria» (Romana. Virgilio, *Eneida*, VI. 638–9, 660)

«Cuando flaquean nuestras fuerzas, nuestro coraje ha de ser más grande, nuestro corazón más fuerte y nuestro espíritu más austero. Aquí yace nuestro señor, hecho pedazos, nuestro mejor hombre, en el polvo. Si alguno piensa en dejar esta batalla, eternamente lo lamentará» (Anglosajona. *Maldon*, 312)

«Alaba e imita a ese hombre para quien, cuando la vida le es placentera, la muerte no le es gravosa» (Estoica. Séneca, *Epístolas*, LIV)

«El Maestro dijo: Amen la instrucción y, si sufren ataques, estén preparados para morir por el Buen Camino» (China antigua. *Analectas*, VIII. 13)

(B)

«Preferible es la muerte a la esclavitud y los actos viles» (Romana. Cicerón, *De Off.* I. XXIII)

«Para todo hombre es mejor la muerte que la vida con igno-
minia» (Anglosajona. *Beowulf*, 2890)

«La naturaleza y la razón mandan que no se haga ni se piense
nada indecoroso, afeminado o lascivo» (Romana. Cicerón, *De Off.* i. iv)

«No debemos escuchar a los que nos aconsejan "ser hombres
para tener pensamientos humanos y ser mortales para
tener pensamientos mortales", sino que debemos tener
presente la inmortalidad en la medida de lo posible y
tensar cada nervio para vivir conforme a la parte mejor
que tenemos, la cual, aun siendo pequeña, supera am-
pliamente en poder y honor a todo lo demás» (Griega
antigua. Aristóteles, *Et. Nic.* 1177 b)

«El alma debe, por tanto, conducir al cuerpo, y el espíritu
de nuestra mente, al alma. Esta es, pues, la primera Ley,
por medio de la cual el poder supremo de la mente exige
obediencia de todo lo demás» (Hooker, *op. cit.* 1. viii. 6)

«Que no desee morir, que no desee vivir, que espere a su
hora [...] que con paciencia soporte duras palabras, que
se abstenga por completo de los placeres físicos» (India
antigua. Leyes de Manu. *ERE*, ii. 98)

«Quien no se mueve, quien ha refrenado sus sentidos [...] es
considerado devoto. Como una llama que se mantiene

sin parpadear en un lugar sin viento, así es el devoto»
(India antigua. Bhagavad gita. *ERE*, II 90)

(c)

«¿Acaso su amor a la filosofía no es ejercitarse en estar muerta?» (Griega antigua. Platón, *Fedón*, 81 a)

«Sé que estuve colgado en el patíbulo nueve noches, herido de lanza como un sacrificio a Odín, yo ofrecido a mí mismo» (Nórdica. *Hávamál*, 1. 10 del *Corpus Poeticum Boreale*; estrofa 139 de *Lieder der Älteren Edda*, de Hildebrand, 1922)

«De cierto, de cierto os digo, que si el grano de trigo no cae en la tierra y muere, queda solo; pero si muere, lleva mucho fruto. El que ama su vida, la perderá» (Cristiana. Juan 12.24, 25)

NOTAS

1 HOMBRES SIN NADA EN EL PECHO

1. *El libro verde*, pp. 19, 20.

2. Ibíd., p. 53.

3. *Viaje a las Islas Occidentales de Escocia* (Samuel Johnson).

4. *Preludio*, VIII, LL. 549-59.

5. *El libro verde*, pp. 53-5.

6. El libro de Orbilio, p. 5.

7. Orbilio es tan sobradamente superior a Cayo y Titius que contrasta (pp. 19-22) un fragmento de buena escritura dedicada a los animales con el fragmento condenado. Sin embargo, por desgracia, la única superioridad que de verdad demuestra es la de su verdad factual. El problema específicamente literario (el uso y abuso de expresiones que son falsas *secundum litteram*) no lo aborda. De hecho, Orbilio nos dice (p. 97) que debemos «aprender a distinguir entre declaraciones figuradas legítimas e ilegítimas», pero no nos brinda ninguna ayuda para ello. Al mismo tiempo, es justo que conste mi opinión de que esta obra está en un nivel bastante diferente al de *El libro verde*.

8. Ibíd., p. 9.

9. *Defensa de la poesía.*

10. *Centuries of Meditations,* i, 12.

11. *De Civ. Dei,* xv. 22. *Cf.* ibíd. ix. 5, xi. 28.

12. *Et. Nic.* 1104 b.

13. Ibíd. 1095 b.

14. *Leyes,* 653.

15. *La república,* 402 a.

16. A. B. Keith, s.v. «Righteousness (Hindu)» *Enc. Religion and Ethics,* vol. x.

17. Ibíd., vol. ii, p. 454 b; iv. 12 b; ix. 87 a.

18. *Analectas* de Confucio, trad. ing. Arthur Waley, Londres, 1938, i. 12.

19. Salmos 119.151. El término es *emeth,* «verdad». Donde la *Satya* de las fuentes indias enfatiza la verdad como «correspondencia», *emeth* (relacionada con un verbo que significa «estar firme») enfatiza más bien el carácter de la verdad como algo digno de confianza. Los hebraístas han sugerido como significados alternativos los de *fidelidad* y *persistencia. Emeth* es lo que no engaña, no «da», no cambia, es lo que no deja escapar el agua. (Ver T. K. Cheyne en *Encyclopedia Biblica,* 1914, s.v. «Truth».)

20. *La república*, 442 b, c.

21. Alanus ab Insulis. *De Planctu Naturae Prosa*, III.

2 EL CAMINO

1. La verdadera (quizás inconsciente) filosofía de Cayo y Titius se ve con claridad si contrastamos estas dos listas de
desaprobaciones y aprobaciones.

A. *Desaprobaciones*. Es «absurdo» que una madre apele a su
hijo a ser «valiente» (*Libro verde*, p. 62). La referencia de
la palabra «caballero» es «extremadamente vaga» (ibíd.).
«Llamar cobarde a un hombre no nos indica realmente
nada acerca de lo que él hace» (p. 64). Los sentimientos
con respecto a un país o imperio son sentimientos «acerca
de nada en particular» (p. 77).

B. *Aprobaciones*. Quienes prefieren las artes de la paz a
las artes de la guerra (no se dice en qué circunstancias)
son personas «a las que podemos llamar sabias» (p. 65).
Se espera del alumno que «crea en una vida de comunidad democrática» (p. 67). «El contacto con las ideas
de otras personas es, hasta donde sabemos, saludable»
(p. 86). El motivo de que existan baños («que las personas
tengan mejor salud y sea más agradable encontrarse con
ellas cuando están limpias») es «demasiado obvio para que

haya que mencionarlo» (p. 142). Está visto que el confort y la seguridad, según se experimenta en cualquier barrio residencial en tiempos de paz, son los valores máximos; aquellas cosas que producen o espiritualizan el confort y la seguridad son objeto de mofa. El hombre vive únicamente de pan, y la fuente final del pan es la camioneta del panadero: la paz es más importante que el honor y puede preservarse burlándose de los generales y leyendo periódicos.

2. El esfuerzo más decidido que conozco para construir una teoría de los valores sobre la base de la «satisfacción de los impulsos» es el del doctor I. A. Richards (*Fundamentos de crítica literaria*, 1924). La vieja objeción a definir Valor como Satisfacción es el juicio de valor universal de que «mejor es un Sócrates insatisfecho que un cerdo satisfecho». Con este objeto, el doctor Richards se esfuerza por demostrar que nuestros impulsos pueden ordenarse en una jerarquía y que preferimos unas satisfacciones a otras, sin invocar otro criterio que el de dicha satisfacción. Esto lo hace valiéndose de la doctrina de que algunos impulsos son más «importantes» que otros (un impulso *importante* es aquel cuya frustración implica la frustración de otros impulsos). Una buena sistematización (i.e. vivir bien)

consiste en satisfacer tantos impulsos como sea posible, lo que supone satisfacer el impulso «importante» en detrimento del «no importante». Se me ocurren dos objeciones a este esquema:

(I) Sin una teoría de la inmortalidad, no deja lugar para el valor de la muerte noble. Por supuesto, puede decirse que un hombre que ha salvado la vida mediante la traición sufrirá frustración el resto de sus días. Pero ¿no sufrirá frustración de *todos* sus impulsos? Mientras que el hombre muerto *no* tendrá satisfacción alguna. ¿O tal vez se sostiene que, como no tiene impulsos insatisfechos, está mejor que el hombre vivo que es desgraciado? Esto nos lleva a la segunda objeción.

(II) ¿Debe juzgarse el valor de una sistematización en función de la presencia de satisfacciones o la ausencia de insatisfacciones? El caso extremo es el del muerto, en quien tanto las satisfacciones como las insatisfacciones (desde la perspectiva moderna) son igual a cero, frente a la del traidor que se sale con la suya y todavía come, bebe, duerme, se rasca y copula, aun cuando carezca de amistades, amor o respeto por sí mismo. Pero esto se eleva a otros niveles. Imaginemos que *A* tiene 500 impulsos y todos están satisfechos, mientras que *B* tiene 1.200 impulsos, de los cuales 700 quedan satisfechos y 500, no. ¿Cuál tiene la mejor sistematización? No hay duda de cuál prefiere el doctor Richards (¡incluso alaba el arte basándose en que nos hace estar «descontentos» con la dureza de la vida cotidiana! [*op. cit.*, p. 230]). El único rastro de base filosófica que encuentro para esta preferencia es la afirmación de que «cuanto más compleja es una actividad más consciente es» (p. 109). Pero, si la satisfacción es el único valor, ¿por qué habría de ser buena una mayor consciencia? Pues la consciencia es la condición de todas las insatisfacciones, así como de todas las satisfacciones, el sistema del doctor Richards no apoya su (y nuestra) preferencia real por la vida civil antes que la salvaje y por la humana antes que la animal (ni siquiera por la vida antes que la muerte).

3. Los inmediatos expedientes que se le pueden abrir a un hombre si pretende fundamentar el valor sobre el hecho los ilustra a la perfección el destino del doctor C. H. Waddington en *Ciencia y Ética*. El doctor Waddington explica en su libro que «la existencia es su propia justificación» (p. 14), y escribe: «Una existencia que es esencialmente evolutiva es por sí misma la justificación de

una evolución hacia una existencia más comprehensiva» (p. 17). No creo que el propio doctor Waddington sc encuentre cómodo con su perspectiva, porque se esfuerza por recomendarnos observar el curso de la evolución sobre tres fundamentos distintos de su simple existencia. (a) Que los estadios posteriores incluyen o «comprenden» a los anteriores. (b) Que el retrato que T. H. Huxley hace de la evolución nos revolvería las tripas si lo considerásemos desde un punto de vista «actuarial». (c) Que, de todos modos, después de todo, no es ni la mitad de malo de lo que la gente se figura (no es tan moralmente ofensivo que no podamos aceptarlo», p. 18). Estos tres atenuantes son más atribuibles al corazón del doctor Waddington que a su cabeza, y me da la sensación de que claudican de su posición principal. Si se alaba la evolución (o, al menos, se la defiende) sobre la base de *cualesquiera* propiedades que manifieste, estaremos usando un patrón externo y habremos abandonado el intento de hacer que la existencia sea la justificación de sí misma. Si mantenemos el intento, ¿por qué se concentra el doctor Waddington en la evolución, es decir, en una fase temporal de existencia orgánica en un planeta? Es algo «geocéntrico». Si es cierto que Bien = «lo que

sea que esté haciendo la Naturaleza», entonces debemos
fijarnos en que la Naturaleza actúa como un todo; y la
Naturaleza como un todo, según entiendo, está obrando
de manera firme e irreversible hacia la extinción final de
toda vida en todas partes del universo, de modo que la
ética del doctor Waddington, despojada de su inenarra-
ble tendencia hacia un asunto tan endogámico como esa
biología telúrica, nos dejaría como únicas obligaciones el
asesinato y el suicidio. Confieso que me parece una objeción menor que la de la discrepancia entre el primer principio del doctor Waddington y los juicios de valor que
los hombres hacen en la práctica. Dar valor a cualquier
cosa simplemente porque sucede equivale a rendir culto al
éxito, como Quislings o los hombres de Vichy. Podemos
imaginarnos filósofos más perversos, pero no más vulgares.
Lejos estoy de sugerir que el doctor Waddington practique
en la vida real tan rastrera postración ante el *fait accompli*.
Esperemos que *Rasselas*, cap. 22, nos dé una descripción
correcta de cuánto vale su filosofía en acción. («El filósofo,
dando por sentada la derrota del resto, se levantó y partió
con ese porte de hombre que ha cooperado con el sistema
presente».).

4. Ver Apéndice.

5. *Analectas* de Confucio, xv. 39.

6. *Et. Nic.* 1095 b, 1140 b, 1151 a.

7. Juan 7.49. El que decía estas palabras lo hacía con malicia, pero expresando más verdad de la que pretendía. *Cf.* Juan 13.51.

8. Marcos 16.16.

9. *La república*, 402 a.

10. Filipenses 3.6.

3 LA ABOLICIÓN DEL HOMBRE

1. *The Boke Named the Governour*, I, IV: «Todos los hombres, salvo los médicos, deben ser excluidos y apartados del cuidado de los niños»; I, VI: «Cuando un niño ha llegado a los siete años de edad, lo más aconsejable es apartarlo de toda compañía de mujeres».

2. *Pensamientos sobre la educación*, §7. «Aconsejo asimismo que se les laven los pies cada día con agua fría, y que sus zapatos sean tan delgados que se empapen al tocar el agua, aunque sea poca». § 174. «Si nos encontramos con una vena poética [...] me parece que sería de lo más extraño que un padre deseara o soportara que se respete o fomente algo así. Creo que los padres deben esforzarse todo lo posible por reprimirla y eliminarla». Y eso que Locke es uno

de nuestros autores más sensibles acerca de la educación.

3. *Fausto*, pp. 77–90 de la edición en inglés.

4. *Advancement of Learning*, Libro 1 (p. 60 en Ellis y Spedding, 1905; p. 35 de Everyman Edition).

5. *Filum Labyrinthi*, i.

C.S. **LEWIS**

Las Crónicas de Narnia
ISBN: 9780061199004

El León, La Bruja y El Ropero
ISBN: 9780060842536

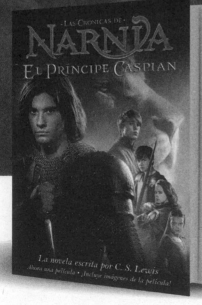

El Principe Caspian
ISBN: 9780061440786

El Sobrino del Mago
ISBN: 9780060884277

La Última Batalla
ISBN: 9780060884314

C.S. **LEWIS**

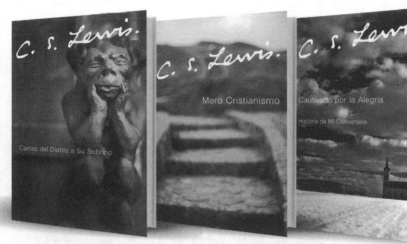

Cartas del Diablo
a Su Sobrino
ISBN: 9780061140044

Mero Cristianismo
ISBN: 9780061140044

Cautivado por la Alegria:
Historia de mi Conversión
ISBN: 9780061140068

El Problema del Dolor
ISBN: 9780061140037

Los Cuatro Amores
ISBN: 9780061140051

Una Pena en Observación
ISBN: 9780061140075

El Gran Divorcio: *Un Sueño*
ISBN: 9780061140006

El Peso de la Gloria
ISBN: 9780829702408

HarperCollins *Español*